Tato.Net tworzy inspirującą przestrzeń rozwoju i wsparcia w budowaniu szczęśliwej relacji taty z dzieckiem

SPOŁECZNOŚĆ TATO.NET spotyka się w działających lokalnie **ojcowskich klubach** (O.K.) w wielu zakątkach świata. Ponadto online – w ramach grupy OJCOWIE TATO.NET. Co roku organizowane jest także FORUM - całodniowe spotkanie ojców, ekspertów i gości.

Każdy członek O.K. tworzy i realizuje indywidualny plan bycia coraz lepszym i spełnionym tatą. **Sprawdź, gdzie w Twojej okolicy działa Ojcowski Klub:**

▶ **www.tato.net/ok**

DOBRY TATA TO ŚWIADOMY TATA. Dlatego Tato.Net pomaga ojcom zdobywać potrzebną wiedzę. Udostępnia cenne książki i audiobooki poprzez TatoSklep. Dzieli się też wiedzą przez podcast, w artykułach dostępnych w czytelni oraz poprzez newsletter.

Zapisz się na newsletter – cotygodniową dawkę ojcowskich inspiracji:

▶ **https://tato.net/newsletter**

WarszTaty wyposażają ojców w potrzebne umiejętności. Często stanowią dla uczestników punktem przełomowym w ich ojcowskiej karierze. WarszTaty koncentrują się na ważnych obszarach dla każdego taty. Są też wydarzenia adresowane do ojców i mam.

Najważniejszy jest **czas spędzany razem z dzieckiem**, który daje frajdę i dziecku i tacie, a potem procentuje przez lata!

Na taki czas Tato.Net tworzy przestrzeń, organizując pod hasłem WIELKA PRZYGODA eventy dla ojców z dziećmi: spływy kajakowe, obozy wspinaczkowe czy też wyprawy survivalowe.

Sprawdź terminy:

► **https://tato.net/warsztaty**

TATO.NET daje możliwość spotkania się wszystkim, którzy dostrzegli, że OJCOSTWO MA ZNACZENIE i w związku z tym chcą się zaangażować – dla siebie i dla innych.

Dobrzy ojcowie trzymają się razem!

Dariusz Cupiał

kolumbowie naszego pokolenia

Historie mężczyzn, którzy postawili na ojcostwo

Projekt okładki i stron tytułowych:
Krzysztof Słomka AtWork

Korekta:
Anna M. Faszczowa

Skład:
Wojciech Czeronko

ISBN 978-83-939171-5-0

Wydawca:
Fundacja Cyryla i Metodego – Tato.Net

tel./fax (+48) 81 527 99 13

www.tato.net, e-mail: info@tato.net

nr konta Fundacji Cyryla i Metodego:
Santander PL32 1090 2688 0000 0001 3274 5411

Lublin 2023, wydanie III, poprawione i uzupełnione

Dedykuję moim Rodzicom,
Eugeniuszowi i Jadwidze

*Tacie, w podziękowaniu za zakład, dzięki któremu
nauczył mnie wiary we własne możliwości oraz walki
o zdobywanie śmiałych celów.*

*Mamie, za huculską krew oraz za zachętę, by wyruszyć
w góry na oazę – moją wielką przygodę życia.*

Spis treści

Sygnał S.O.S.

Spieszę się na spotkanie z ważnym klientem. Przyciskam pedał gazu niemal do oporu. Droga między Lublinem a Warszawą jest dziś spokojna. Świeci słońce. Generalnie jestem pozytywnie usposobiony. Mój nie pierwszej młodości Polonez dobrze się spisuje i na przekór swej nazwie mknie w tempie przypominającym raczej rytmy rock and rola. Jako kierowca i tym razem zachowałem się jak typowy kawaler orderu ostatniej chwili, nie dając mu rezerwy czasowej na dotarcie do celu podróży. Mój biznes w międzynarodowej firmie ubezpieczeniowej po kilkudziesięciu miesiącach rozruchu zaczyna nabierać tempa, co mnie cieszy.

Uruchamiam radio, licząc na dobrą muzykę, ale grają byle co, typową sieczkę. Przełączam, jest felieton na temat kondycji współczesnej rodziny. Słyszę głos doktor Wandy Półtawskiej, czyli Duśki, przyjaciółki i duchowej siostry Karola Wojtyły – Jana Pawła II. Kompetentnie opisuje sytuację i stawia trafną diagnozę polskiej rodziny u progu XXI wieku. W końcu apeluje do słuchaczy: „nadchodzi czas, aby bić na alarm S.O.S. dla ojców". Powtarza to kilkakrotnie. Uświadamiam sobie, że mam ściśnięte gardło i mokre oczy. Muszę natychmiast zatrzymać samochód, by ochłonąć.

Nigdy wcześniej i później nie przytrafiło mi się coś podobnego. Minęło kilkanaście minut, zanim pojechałem dalej do mojej pracy w ubezpieczeniach, ale wiedziałem już, że moje serce po doświadczeniu swoistego *katharsis* zaczyna nawigować w innym kierunku, bije teraz dla innej sprawy.

Gość z Mińska

„O czym marzyłeś, kiedy pierwszy raz wyjechałeś na Zachód?" Takie pytanie zadałem kilka miesięcy później młodemu mężczyźnie z Białorusi, ot tak, dla zagajenia rozmowy. Była wiosna 2000 roku, Warszawa, siedziba Fundacji Cyryla i Metodego, przerwa na kawę podczas międzynarodowej konferencji o problemach młodzieży w krajach postsowieckich. Wydawało mi się, że znam odpowiedź. Mężczyźni mojego pokolenia często marzyli o wyprawie „po złoto" na Zachód. Zazwyczaj były to saksy, zarobek na czarno, ale za godziwe pieniądze; rzadziej wymarzone stypendium lub legalna praca.

Usłyszałem tym razem coś, co zaskoczyło mnie kompletnie: „Chciałem zobaczyć, jak wygląda normalna rodzina" – odparł bez zastanowienia. To był wstrząs. Nawet teraz, wspominając, odczuwam na plecach ów prąd, który mnie wówczas przeszedł. Zachód, czyli Białystok, Lublin czy Warszawa, był dla tego młodego Białorusina terenem innego typu eksploracji. On chciał doświadczyć spotkania ze zwykłą, zdrową, tradycyjną rodziną, by podpatrzeć, jak to jest być mężem i ojcem. W swoim środowisku obserwował samych rozbitków rodzinnych, mężczyzn, którzy nie mogli być dla niego inspiracją do przeżycia ojcowskiej przygody. Pomyślałem wówczas, że my, faceci w Polsce, pomimo wielu braków i błędów jakie popełniamy w życiu rodzinnym, w sumie jesteśmy szczęściarzami. To prawda, że nie wszystko funkcjonuje w naszym ojcowskim świecie tak jak powinno, ale nie oznacza to, że nie mamy się czym dzielić z innymi.

Pierwszy projekt

Ta historia młodego Białorusina nie dawała mi spokoju. Zacząłem zadawać sobie oraz „profesorowi internetowi" pytanie: czy ktoś dzisiaj wspiera ojców? W Polsce było wówczas około sto tysięcy organizacji społecznych, ruchów, stowarzyszeń, fundacji. Przeważająca większość z nich za naczelny swój cel stawia pomoc dzieciom. Piękny cel, ale czy wystarczający? Gdzie są ojcowie tych dzieci? Nie ma dla nich propozycji? Szukałem więc dalej. Setki organizacji wybrało sobie za cel główny służbę kobiecie i matce. Brawo! Macierzyństwo powinno być chronione i wspierane.

Dlaczego jednak nie znalazłem strefy przyjaznej dla taty? Badałem internet dalej, z myślą, że może znajdę coś w sąsiednich krajach starego kontynentu. Niestety, cisza... Kobieta może liczyć na przynajmniej sto różnych propozycji szkół rodzenia, karmienia piersią. Dla wsparcia mężczyzny jako taty kompletna posucha. Byłem zaskoczony wynikiem mojej kwerendy, ale fakt jest faktem: ojcostwo gdzieś wyparowało.

W końcu znalazły się dwie oferty dla taty. Po pierwsze, może się on zapisać do stowarzyszenia walki o prawa ojca, pod warunkiem, że wcześniej się rozwiedzie i zostanie pokrzywdzony pozbawieniem opieki nad dzieckiem. Ma jeszcze drugą propozycję wsparcia: może wzmocnić swoje kompetencje wychowawcze w ojcowskiej grupie terapeutycznej, jednak wcześniej musiałby zostać sprawcą przemocy wobec swoich najbliższych.

Na jakie wsparcie ma liczyć mężczyzna, który chciałby po prostu być lepszym ojcem, a nie jest po rozwodzie i nie stosuje przemocy?

Oczywiście, ojcowie stali się bohaterami paru niezłych książek, poświęcono im kilka konferencji naukowych, projektów oraz kampanii społecznych. Mogli wzmocnić się duchowo, udając się na doroczną pielgrzymkę mężczyzn do Piekar Śląskich. Mogli skorzystać z kilku innych propozycji lokalnych. Żeby jednak znaleźć oparcie w organizacji wspierającej ojcostwo, musieli ruszać hen, gdzieś do Australii, Kanady lub USA. Stało się dla mnie oczywiste, że potrzebujemy w Polsce takiej organizacji, a skoro jej dotąd nie ma, trzeba podjąć inicjatywę na bazie Fundacji Cyryla i Metodego, którą założyłem dla budowania mostów jedności Wschodu i Zachodu. Teraz Fundacja otrzymała nowe, dodatkowe cele swojej misji: „budować mosty między sercem ojca a sercem dziecka". Tak przyszło na świat nieplanowane dziecko – Tato.Net.

Wprowadzenie nowych celów i zadań do programu małej organizacji to przysłowiowa kaszka z mleczkiem. Pewną obawą, niewiadomą było pytanie: kto mi będzie towarzyszył w tej, w pewnym sensie, pionierskiej misji odkrywania drogi do krainy ojcowskiego etosu. Ideały ekumeniczne, którym wcześniej poświęcała się Fundacja, zgromadziły wartościową, ale bardzo wąską grupę entuzjastów. Znacznie częściej spotykałem się wówczas z obojętnością lub wręcz krytyką naszych ekumenicznych inicjatyw. Brałem pod uwagę, że temat ojcostwa będzie gorzej przyjęty. I, niestety, nie myliłem się. Pewna część moich znajomych zaczęła okazywać „życzliwość inaczej", chętnie zasiadając w loży komentatorów i szyderców. Ktoś, pukając się po głowie, mówił, że to dziwactwo. Inny ostrzegał przed odstępstwem od wiary. Następny, słysząc, że powstaje centrum ojcostwa, skojarzył to z bankiem spermy. Ale zdecydowana większość osób, z którymi podzieliłem się zamiarem nawigacji na ojcostwo, reagowała ze zrozumieniem, żywo i bardzo pozytywnie. Utwierdzało mnie to w decyzji, by w tym kierunku poprowadzić Fundację.

Jedną z tych pozytywnie nastawionych do sprawy osób był Wojtek Czeronko, wówczas pracownik Lubelskiego Ośrodka Samopomocy LOS. To właśnie z Wojtkiem jesienią 2003 roku opracowaliśmy pierwszy plan działania nowej ojcowskiej inicjatywy. Projekt nazwaliśmy: „Wspieramy rodziny, wspierając ojców".

Do Lublina z Transylwanii i Izby Lordów

Zaczął się 2004 rok. Za kilka miesięcy ma ruszyć serwis internetowy a następnie pierwszy zjazd dla ojców. W styczniu jestem na Malcie, mam wykład na międzynarodowej konferencji ekumenicznej. Wśród kilkuset uczestników jaśnieją dla mnie dwie ojcowskie perły, które mogłyby nadać blask naszemu spotkaniu w Lublinie. Może tak zasugerować im przyjazd do Polski? Spełnienie tego marzenia wydaje się niemożliwością.

Vasile Mihoc z Rumunii, ojciec trzynaściorga dzieci, a zarazem prawosławny duchowny i profesor Uniwersytetu w Sibiu, jest żywym zaprzeczeniem wszelkich mitów i utartych stereotypowych wyobrażeń o przedstawicielach narodu rumuńskiego, życiu w rodzinie wielodzietnej i podejmowaniu troski duszpasterskiej w Cerkwi prawosławnej. Ojciec Vasile w szczerości i prostocie swego serca uznał za oczywiste, że przyjedzie na ojcowskie Forum Tato.Net, ma tylko tysiąc kilometrów do pokonania. On sam, chociaż – jak powiedział skromnie – już coś o ojcostwie wie, chce zdobyć nowe informacje, jak być lepszym ojcem, a może ktoś zechce skorzystać z jego doświadczeń...

Trudniej było umówić się na spotkanie z nieustannie obleganym lordem Davidem Altonem z Liverpoolu. Zaproszenie go do Polski na nasz termin było praktycznie niemożliwe; wpisanie się w jego kalendarz wymaga zwykle dwuletniego wyprzedzenia. David Alton jest członkiem Izby Lordów, doradzał premierowi Wielkiej Brytanii, wykłada na Uniwersytecie w Liverpoolu, poświęca się aktywnie w różnych częściach świata walce o prawa człowieka, także w ruchach pro-life. Jest katolikiem, żonatym, ojcem czwórki dzieci. Gdy usiedliśmy przy stoliku w restauracji hotelu, z wielką uwagą wsłuchiwał się w główne założenia inicjatywy. Byłem zszokowany, gdy na podsumowanie naszego spotkania stwierdził, że jest gotów brać udział w pracach rady programowej Tato.Net i jeśli tylko jego prywatna najwyższa izba kontroli, czyli żona, zatwierdzi pewne zmiany w kalendarzu, przyjedzie razem z synem na naszą konferencję.

Dlaczego *Kolumbowie*?

Tytuł książki zdradza pewną analogię do fenomenu opisanego w powieści Romana Bratnego *Kolumbowie. Rocznik 20.* Bratny opisuje odwagę młodych ludzi, którzy podjęli zorganizowaną walkę z okupantem przed Powstaniem Warszawskim i podczas niego. Pierwsze po niewoli rozbiorów pokolenie polskiej młodzieży, które symbolicznie łączy rocznik urodzenia 1920 (to także rok urodzenia Karola Wojtyły), cechowało się niezwykłą twórczą energią w odkrywaniu swojej tożsamości i wymogów przynależności do wspólnoty budującej niepodległą Polskę. Także gdy nastał czas okupacji, pokolenie to umiało właściwie odczytać i realizować powinności oraz zobowiązania patriotyczne na czas wojny. Pokoleniu Kolumbów postawiono wysoko poprzeczkę. Podobnie od współczesnego pokolenia ojców wiele się oczekuje. W nieustannie zmieniającej się kulturze mobilnej przychodzi im realizować swoje ojcowskie powinności w sposób inny niż znany im do tej pory. Oni sami funkcjonowali kilka, kilkanaście lat temu na innych zasadach. Nie mówiąc o kulturowych latach świetlnych, które dzielą ich od pokolenia ich własnych ojców lub dziadków. Nadszedł czas, by współcześni ojcowscy Kolumbowie wytyczyli sobie nowe cele, odkryli normy i określili standardy np. w obszarze zachowania równowagi między pracą a zobowiązaniami rodzinnymi. Obserwuję dziesiątki i setki mężczyzn, którzy wyruszyli w tę podróż i przeżywają odkrywanie swojego ojcostwa w czterech różnych wymiarach. Poświęcone im będą cztery rozdziały tej książki.

Kolumbowie naszego pokolenia nie stanowią podręcznika dla idealnych ojców. Co więcej, to nie jest książka dla ojców dobrych. Nie znajdziecie w niej żadnych gotowych rad na temat radzenia sobie z buntem nastolatków, czy z przynoszonymi ze szkoły jedynkami i z całą masą innych mniej lub bardziej katastrofalnych zdarzeń z codziennego życia taty. O czym więc, zapytacie, rzecz będzie?

O ojcach – nie dobrych czy złych, ale mężczyznach świadomych, z inicjatywą. Świadomych swojego profilu ojcowskiego, swoich mocnych i słabych stron oraz stojących przed nimi wyzwań. Za chwilę będą opowiadać, jak im się w różnych sytuacjach udaje lub nie.

Kluczem do tej książki jest idea spotkania. Wypowiadający się tu mężczyźni mówią nam o swoich relacjach, spotkaniach z rodzicami, żoną, dziećmi, także o spotkaniach z Bogiem. Nie są to jacyś fanatycy religijni, ale normalni faceci z krwi i kości. My spotykamy się z nimi, czerpiąc z bogactwa ich historii i doświadczenia.

Książka powstała w dużej mierze dzięki ojcowskim odkryciom mężczyzn związanych z Tato.Net. A to gwarantuje dużą świadomość, bo przecież na warsztaty o odkrywaniu ojcostwa nie zgłaszają się ci faceci, którzy wszystko wiedzą najlepiej. Zapewne nie będzie to książka o ojcowskich mistrzach świata, ale za to – nawiązując do kolarstwa – o kilkunastu zwycięzcach jak nie całych etapów, to na pewno kilku premii górskich. Jak w nawigacji samochodowej trzeba przynajmniej trzech różnych punktów, żeby namierzyć cel, tak i tu, żeby zobaczyć pewien cel, pytam się kilku ojców, współczesnych Kolumbów, niech pomogą nam wyznaczyć kierunek.

I jeszcze jedno, nie będziemy w tej książce marudzić, jak ciężko w dzisiejszych czasach być ojcem, narzekać na osławiony kryzys tegoż i na sto przeciwności losu. Bo o tym sami wiecie najlepiej. Przed nami droga przez cztery odkrycia, których dokonują mężczyźni stający się ojcami. Przed laty Krzysztof Kolumb, poszukując drogi do Indii, dokonał niespodziewanego odkrycia, które zmieniło losy świata. Podobni są współcześni Kolumbowie – na nieznanych wodach, odkrywcy, pełni zaparcia, silnej woli, czasem pokonani, ale uparcie dążący do celu prawdziwego bycia ojcem dla swych dzieci.

OJCOSTWO
WYPRAWA PO WIZJĘ
04   14
TATO.NET

Odkrycie pierwsze:

Wyprawa po wizję

„Czy będziesz się bił?" To były pierwsze słowa, które, jako siedmiolatek, usłyszałem po przekroczeniu progu Szkoły Podstawowej (w Żarkach Letnisku). Wypowiedziała je moja pierwsza nauczycielka, patrząc mi uważnie w oczy. Intuicyjnie zrozumiałem, że oczekuje się ode mnie, bym zaprzeczył. Obiecałem pani i mamie, która zaprowadziła mnie do klasy, że będę grzeczny i dobrze się uczył. Następnego dnia złośliwe zaczepki słowne kolegi z ławki sprawiły, że coś się we mnie zagotowało. Pojedynek był naturalną koniecznością. Podjąłem walkę i zwyciężyłem intruza. Sprawiedliwości stało się zadość, ale moja radość trwała tylko krótką chwilę. Zaliczyłem uwagę w zeszycie i reprymendę nauczycielki oraz mamy, bym więcej tego nie robił. Mój instynkt walki, naturalny dla męskiej duszy, został przytłumiony. Powtarzało się to jeszcze wiele razy. W chłopięcej duszy podtrzymywałem (głównie w ukryciu) marzenia o bohaterskiej walce np. na arenach sportowych. Środowisko nie dawało wówczas przestrzeni młodym chłopcom, by odkryć siebie. Nic dziwnego, że w sfeminizowanych szkołach dziewczęta lepiej się odnajdywały i osiągały lepsze wyniki. Chłopcy, by odnaleźć siebie, potrzebują czegoś podobnego, co było kiedyś praktyką Indian w Ameryce Północnej – samotnej „wyprawy po wizję".

Młodzieniec nie mógł z niej wrócić do swej wioski, dopóki w wyniku swoistego przeżycia mistycznego nie poznał swego świętego imienia, które streszczało jego nową tożsamość.

Dzisiejsi Kolumbowie mają podobną drogę przed sobą. Nie szukają tak naprawdę na starcie metod, jak dobrze czy lepiej ułożyć stosunki z żoną i radzić sobie z dzieckiem. Zgłaszają się do Tato.Net, bo jest to ich, często pierwsza, „wyprawa po ojcowską wizję". Tu odkrywają swoje nowe imię. Ma rację Richard Rohr („Tożsamość mężczyzny. Pięć kroków męskiej inicjacji", Kraków 2008), pisząc, że pomimo powszechnej pogoni za wszystkim spod znaku unisex, mimo sprzeciwu feministycznych ideologii, mimo gniewu na męskość wyrażoną w ostatnich dekadach, mimo zwątpienia mężczyzn w samych siebie, męska dusza w swej naturze wciąż budzi podziw.

Zobaczmy, jak ojcowie zmieniają stosunek do siebie samych.

Piotr, syn Stanisława

Piotr Siwik mówi o sobie: „nogi nie są moją mocną stroną" (urodził się bez stóp), ale nie odpuścił sobie i poszedł za swoimi marzeniami. I zaszedł daleko. Ukończył studia medyczne, został lekarzem. Doceniając jego kompetencje, powierzono mu funkcję ordynatora oddziału rehabilitacji w olsztyńskim szpitalu. Założył rodzinę, ma pięcioro dzieci. Stale podnosi swoją ojcowską poprzeczkę. Brał udział w Międzynarodowym Forum dla Ojców (Lublin 2004), a także – co mogłoby się wydawać ryzykowne przy jego ograniczeniach ruchu – razem ze swoim synem Dominikiem w roku 2011 w warsztatach Wielka Przygoda spływ kajakowy Bugiem dla Taty & Syna.

Wszystkie warsztaty Tato.Net pomagają mężczyznom wyrobić w sobie coś, z czym często oni sami mają dzisiaj kłopot: właściwy stosunek do siebie. Dzieje się to m. in. poprzez ćwiczenia, które w metodzie Tato.Net nazywamy „indywidualnym profilem ojcostwa". Dla Piotra jest dzisiaj jasne, chociaż nie zawsze tak było, że jego ścieżka ojcowska prowadzi między pokusą wybielania wad a idealizowaniem swoich zalet. Jego odkrycie jest częścią doświadczenia wielu innych mężczyzn, którzy spotkali się w Tato.Net. Punktem startu efektywnego ojcostwa jest wypracowanie właściwego stosunku do siebie samego: rozpoznanie i uwierzenie w swoje mocne strony (budowanie na nich) oraz zaakceptowanie słabości. Kolejnym krokiem będzie nakreślenie możliwych do realizacji celów i zmian, czyli tzw. TatoPlan.

W swoich jeszcze młodzieńczych marzeniach widziałem siebie jako ojca. Z tym wiązałem swoją przyszłość. Chciałem być ojcem. Widziałem siebie trzymającego za ręce swoje dzieci. Im bardziej zderzałem się z rzeczywistością, tym bardziej marzenia wydawały się odległe. Gdy byłem na studiach, dokonało się we mnie przewartościowanie. Było ono związane z dojrzewaniem do męskości, czyli do odpowiedzialności, a także z nowym systemem wartości. Dopiero jednak małżeństwo zmieniło moje patrzenie na życie. To był pierwszy test, czy potrafię podjąć trudną decyzję, przecież już na całe życie, decyzję, która wymaga ode mnie odpowiedzialności i konsekwencji. Zrozumiałem wtedy, że nie chodzi tylko o przyjemność, moje super wspaniałe marzenia, ale że będzie też bolało. No i od razu zaczęło boleć. Wszystko zaczęło mnie przerastać, ale wiedziałem, że nie jestem i nigdy nie będę sam – miałem mocne oparcie w Bogu. Dzięki temu wiedziałem, że moje błędy nie muszą przekreślać dalszego mojego życia.

Nogi nie są moją najmocniejszą stroną. Urodziłem się bez pełnych kończyn. Od trzeciego roku życia poruszałem się w protezach, nie najlepszych zresztą. Od urodzenia miałem sporo czasu na przyzwyczajenie się do tego, jaki jestem. Było nieźle do czasu, aż poszedłem do szkoły. W podstawówce momentami nie mogłem myśleć o niczym innym, jak tylko o moim marzeniu, by być pełnosprawnym. Traciłem siły na zmaganie się z myślami, z żalem, kłócąc się z niemożliwością spełnienia mego marzenia, nierealnego przecież. Chciałem być zdrowy choćby przez jeden dzień. Byłem fanem sportu, którego nie mogłem uprawiać. W końcu musiałem to zaakceptować. Jakoś dotarło do mnie, że moją chęć bycia zauważonym niekoniecznie muszę realizować przez sport; mogę poprzez inteligencję. Poczucie wartości zacząłem budować w dziedzinach, które nie były ograniczane brakami mego ciała. Jednak nadal myślałem, że w życiu nie zdołam być do końca szczęśliwy, bo przecież nigdy nie osiągnę sprawności. Mogę być śpiewakiem, ale nie mogę być sportowcem.

Wciąż koncentrowałem się na swoich niemożliwościach. Myślałem o tym, jakim to szczęściem byłoby być sprawnym – w końcu czułbym się spełniony, mógłbym zrealizować wszystkie plany i marzenia. Dopiero w szkole średniej zrozumiałem, że moje szczęście zależy ode mnie, od tego, co i jak będę robił, a przecież nie muszę robić wszystkiego. Zresztą, nawet będąc sprawny, nie mógłbym robić wszystkiego. Zacząłem przyjmować to, co mnie spotyka. Zacząłem stawiać sobie cele, które mógłbym i chciałbym realizować. Jednym z takich celów było zostanie lekarzem. Zdobywanie kolejnych małych szczytów pomogło mi pokonać lęk. Zacząłem z nadzieją, optymistycznie patrzeć na życie, na moje szanse. Dzięki temu byłem w stanie otworzyć się na przyjęcie daru miłości mojej żony.

Decyzja o małżeństwie to była wielka sprawa. Stanąłem nad krawędzią. Musiałem dokonać wyboru na całe życie. Wybierając zawód, mogłem się przecież w każdej chwili wycofać, zmienić kierunek studiów. Praca? To nic wielkiego zmienić pracę. Ale małżeństwo to coś całkiem innego, bo małżeństwo jest na całe życie. W tej sprawie nie mogę co chwilę zmieniać zdania. Tak mówiła moja odpowiedzialność. Ale równie silnie przemawiał do mnie strach. Bałem się ciągle, że zostanę skrzywdzony, oszukany. Chciałem mieć pewność, że nie przytrafi mi się zranienie. Teraz widzę, że tak nie można. Nie jesteśmy w stanie przewidzieć, czy ktoś nas skrzywdzi czy nie. Nie można ze strachu przed bólem uciekać przed życiem, przed odpowiedzialnością, przed miłością.

Moje życie nie należy tylko do mnie i nie zależy tylko ode mnie. Zawsze czułem wsparcie Boga i rzeczywiście miałem je. Uświadomienie sobie tego stało się kolejnym krokiem milowym w moim życiu. Odtąd mogłem podejmować decyzje, bo wcześniej rozdrabniałem się nad liczeniem strat i zysków. Okazało się, że czasem wystarczy po prostu coś zrobić i wtedy wszystko zaczyna się układać. Tylko że trzeba przyjąć fakt, że nie wszystko zależy ode mnie i nie ja nad wszystkim panuję. Na przykład w szkole średniej postanowiłem, że nie będę ściągał. I już. Wszystko się układało dobrze, a ja po prostu musiałem przyjmować czasem porażki, gdy nie udało mi się dobrze napisać sprawdzianu.

Początkowo nie patrzyłem na siebie jako niepełnosprawnego. Dopiero w szkole zacząłem się zmagać z tym, że nie jestem w ten sam sposób co inni członkiem mego środowiska. Nie mogłem biegać, bawić się w piłkę itp. W sumie dziękuję za to Bogu, bo nie wiem, jak by się potoczyło moje życie. Gdy teraz na to patrzę, widzę, jak ważny jest przyjęty punkt widzenia siebie: Czy ja widzę siebie poprzez pryzmat mej niepełnosprawności, czy też niepełnosprawność jest tylko jakąś okolicznością, która nie determinuje mnie jako osoby. Chodząc na rehabilitację, doświadczam tego, że gdy dodatkowo coś się rehabilitowanemu utrudnia, to pokonuje on wtedy łatwiej swoje zwykłe ograniczenia. Czyli: im trudniej, tym łatwiej.

Ważne jest, by nie widzieć w sobie tej bariery, że jest się w większym stopniu niż inni zależnym od pomocy drugich osób. Niepełnosprawność czy jakieś inne przeciwności nie muszą nas ograniczać, ale mogą nas ograniczać, jeśli im na to pozwolimy. Potrzeba znaleźć w sobie odwagę do podjęcia decyzji bycia ojcem. Przecież niejeden może powiedzieć, że jest niepełnosprawny lub że jest bezrobotny, albo ma trudny charakter i nie może się zdecydować na dzieci. Ale faktem jest, że jeden szuka powodów, a drugi sposobów. Powodów, by uciec, by stchórzyć; sposobów, by znaleźć dobre rozwiązanie.

Dojrzewanie do roli ojca nie było jakimś relaksującym chodzeniem na spacer. Bycie ojcem wymaga odpowiedzialności, ofiary, rezygnacji z siebie. Jednak to stopniowe, czasem bolesne dojrzewanie do tej roli było na tyle owocne, że po pierwszym dziecku nie bałem się kolejnych. Mam ich teraz piątkę. Dwoje z nich już jest dorosłymi ludźmi.

Zawsze mam poczucie, że nie do końca jestem przygotowany. Marzenia a realne możliwości to nie to samo. Wciąż się uczę. Chciałbym wiele, ale rzeczywistość, moje możliwości nie zawsze na to pozwalają.

Kiedyś z dwójką dzieci pojechałem na rekolekcje. Żona, w kolejnej ciąży, musiała zostać w domu. Chciałem jak najwięcej skorzystać z rekolekcji. Wiedziałem, że to będzie trudne, bo były ze mną dzieci, a najpierw to wobec nich miałem obowiązki. Wprawdzie byli opiekunowie do dzieci, ale nie mogłem w ten sposób zwolnić się z odpowiedzialności za moje dzieci. Pamiętam, jak pojechaliśmy na Mszę. Liturgia trwała długo i dzieci wyszły na zewnątrz pobawić się na placu przykościelnym. Zaczął padać deszcz. Zmokły. Nie miałem ze sobą nic do przebrania. Musiałem doczekać do końca Mszy ze zmokniętymi dziećmi. Przytulałem je, ogrzewałem, ale czułem straszną bezsilność. W tej bezradności wołałem wewnętrznie do Boga, że nie radzę sobie, nie mam siły na to wszystko. A co będzie dalej? Niedługo pojawi się trzecie dziecko. I nagle usłyszałem słowa pieśni, którą właśnie śpiewano. Pieśń ułożona we wspólnocie Miłości Ukrzyżowanej. Właściwie dopiero gdzieś po piątym jej prześpiewaniu te słowa do mnie dotarły. To była modlitwa, abym się nie lękał utracić życie. Wstrząsnęło to mną, zmieniło mnie całego! Musiałem sobie zadać pytanie, czy dla dzieci jestem gotów stracić moje życie, moje plany, moje marzenia. Czy jestem gotów traktować moją rolę ojca jako umieranie w różnych sytuacjach dla moich dzieci.

To był pierwszy moment, który przewartościował mnie na tyle, że zawsze potem odnosiłem się do tej właśnie chwili. Może nie zawsze potrafię, ale zawsze pragnę tak przeżywać swoje ojcostwo – nie jako realizację tylko swoich marzeń, moją zabawę, moje zadowolenie, gdy jest fajnie, lecz jako umieranie dla dzieci, oddawanie im siebie. Nie chodzi zatem o mój komfort posiadania rodziny, jej wsparcia, ale o moje bycie wsparciem dla niej. I tak mój moment bezradności stał się krokiem milowym w moim życiu.

Do ojcostwa doszedłem przez synostwo. Mój ojciec zmagał się z alkoholowym nałogiem. Nie był dla mnie autorytetem. W pewnym momencie zrozumiałem, jak infantylne i zarazem niebezpieczne jest moje tłumaczenie się brakiem dobrego wzorca. Przecież na wyciągnięcie ręki mam inny ideał, z którego mogę czerpać bez ustanku i bez miary – Boga Ojca! W wieku około 19 lat przeżyłem mocne doświadczenie duchowe, w którym odkryłem, że jestem umiłowanym dzieckiem, synem Boga. Dzięki temu odkryłem siebie. To było fundamentalne doświadczenie, dzięki któremu przestałem się czuć ofiarą braku dobrych wzorców i dobrych relacji. Mogę być wypełniony po brzegi poczuciem bycia synem, co z kolei daje mi siłę do bycia ojcem. Ale dopiero obserwując swoje dzieci, zacząłem widzieć analogię między moim zachowaniem wobec nich a relacjami w rodzinie. Chociażby kwestia przebaczenia. Wiem, że mi wiele przebaczono, ale czy ja jestem w stanie tak naprawdę przebaczyć innym?

Ile razy tłumaczyłem synowi, kiedy miał jakiś konflikt z kolegą, że owszem, powinien mu przebaczyć, ale muszą być najpierw spełnione pewne warunki, niech ten kolega najpierw przeprosi za złą postawę i się poprawi. Ale przecież z moimi dziećmi to wygląda zupełnie inaczej. Przychodziły do mnie w chwilach konfliktu i wszystkie zasady o tym przebaczeniu brały w łeb. Nie było kajania się, ale: „Przytul mnie, tato". Mimo mojego zdenerwowania, mojej kipiącej złości na ich niewłaściwe zachowanie one chciały się do mnie przytulić. Pragnęły ojca, który przebacza bezinteresownie, który je kocha także wtedy, gdy łamią zasady, który jest z nimi, pomimo że one przekroczyły jego nakazy. To mi uświadomiło, że wymagając jedynie ostrego trzymania się zasad, zachowuję się jak tyran. A powinienem był dawno zobaczyć, jak bardzo dziecku potrzebna jest moja bezinteresowność. Nie przebaczenie dopiero po przeproszeniu, naprawieniu błędu, ale moje otwarte ramiona są potrzebne dzieciom. Moją rolą jako ojca jest w tym momencie bezwarunkowo je przytulić. Wtedy następowało to, na co czekałem najpierw, czyli szczere przeproszenie.

Aspekt wychowawczo-pedagogiczny ma sens, gdy dzieci wiedzą, że zawsze, w każdej sytuacji mogą przyjść do mnie, że nawet w najgorszych błędach ja ich nie odrzucę i nie będą musiały szukać oparcia gdzie indziej, gdzieś daleko od domu rodzinnego, od nauczanych w nim wartości i daleko ode mnie. Sam nie do końca miałem oparcie w moim ojcu, choć przecież zapewniał mi byt. Pewnie też dlatego w jakimś większym stopniu na to zwróciłem uwagę przy mojej relacji z dziećmi, by być bezwarunkowo ich oparciem. Szkoda mi, że zrozumiałem to dość późno, ale cieszę się, że w ogóle do tego doszedłem.

W pracy z dziećmi najbardziej zależy mi na tym, by były głęboko przekonane, iż mają we mnie oparcie. Niby wcześniej to rozumiałem, wiedziałem, jakie to ważne, ale dopiero w sytuacji, kiedy dziecko zamiast o przebaczenie poprosiło mnie o przytulenie, doświadczyłem, że to jest najważniejsze – mam wspierać i akceptować dzieci zawsze, muszą to czuć, to wiedzieć, że w każdej sytuacji mogą liczyć na moje otwarte ramiona. Najpierw jest miłość, wsparcie, a dopiero potem dyscyplina, wychowanie. To jest kwintesencja ojcostwa – bycie wsparciem.

Mam na imię Piotr, czyli „opoka". I tak siebie postrzegam jako ojca. Nie trzeba na mnie budować, mnie kopiować, ale staram się być wsparciem, fundamentem. W różnych sytuacjach wychodzi to, że dzieci biorą ze mnie przykład. Nie tylko dlatego, że jestem najbliższym pod ręką wzorcem. Niektóre sprawy może im u mnie imponują, inne po prostu się podobają, a w innych dostrzegają dobro. Chociażby kwestia języka. Moje dzieci nie przeklinają, podobnie jak ja z żoną. Wśród szkolnych kolegów, na podwórku, czy czytając komentarze w Internecie, stykają się z wulgaryzmami, ale nie przyjmują ich do swego słownika. Syn mówi, że w jego klasie tylko dwóch chłopców nie przeklina: on i jego kolega. Mogliśmy iść na łatwiznę, mówić byle jak, ale dziś cieszę się, że mój syn mówi poprawnie, bez wulgaryzmów. Ma od nas przejęte bogate słownictwo i nie musi posiłkować się przekleństwami.

Moje dzieci widzą, że nieraz sobie z czymś nie radzę. Czasem po prostu muszę spasować, a niekiedy dopiero po jakimś czasie na nowo podejmuję walkę z danym problemem. I to jest też dla nich przykład. Ojciec-ideał może być dla dzieci trudny do przyjęcia, do naśladowania. Niełatwo jest brać wzór z idealnego rodzica. No i gorzej znosi się własne porażki. Jak o nich powiedzieć takiemu nigdy niemylącemu się tacie? Nieraz przychodzą niełatwe chwile, gdy mam pomóc dzieciom przy odrabianiu zadań domowych. Trudno uporać się z nerwami, gdy zaczyna się marudzenie, przeciąganie struny. Zadanie domowe miało nam zająć godzinę, a zrobiły się cztery godziny wzajemnego przepraszania, mówienia o swoich emocjach, wzajemnych wykładów, powrotów. I ja też przyznaję się do błędów i przepraszam.

Pomaga poczucie humoru i pogoda ducha. A one wiążą się z pewnym dystansem wobec siebie. Nie chodzi o bycie skarbnicą żartów i dowcipów, lecz raczej o pewną autoironię.

Jeśli pozwolę komuś uśmiechnąć się nade mną, to zaczyna się inna relacja, zmniejsza się dystans. U nas najwięcej śmiechu jest zawsze ze zdjęć z przeszłości. Oglądamy i odgrywamy scenki. Przypominamy sobie powiedzonka dzieci czy moje i żony, innych osób. I potem te powiedzonka funkcjonują jako nasze hasełka. To buduje pogodną atmosferę, pozwala się rozluźnić w stresowych sytuacjach, w chwilach konfliktu. Nie warto podchodzić do dzieci, do różnych spraw bojowo, bo to zrodzi jeszcze większy konflikt. Atmosfera jest bardzo ważna.

Dariusz, syn Eugeniusza

Darek Cupiał, ojciec trojga pełnoletnich dzieci: Marysi, Zosi i Janka, dziadek. Doktor teologii, przedsiębiorca społeczny, założyciel Fundacji Cyryla i Metodego, inicjator Tato.Net.

Wczesne dzieciństwo spędziłem u dziadków ze strony mojej mamy. Rodzice, za namową babci, zdecydowali się na ten krok, bo sami chcieli zająć się pracą zawodową, co w tamtych czasach nie było praktyką odosobnioną. Byłem u dziadków, daleko od domu rodziców, nawet wtedy, gdy urodziło się moje rodzeństwo, młodszy o dwa lata brat i młodsza o cztery lata siostra. Gdy sięgam do wspomnień z dzieciństwa, to bez wątpienia pierwszą wyciągniętą ku mnie męską dłonią była dłoń mojego dziadka, repatrianta ze Wschodu, ojca dziewięciorga dzieci, Jana Barylaka. Pamiętam, jak dziadek, wracając z pracy w hucie niklu w Szklarach, wstępował do lasu, aby nazbierać dla mnie dzikich poziomek i jagód. Gdy nieco podrosłem, zapraszał mnie do swych męskich zajęć. Mogłem trzymać lejce podczas wypraw wozem konnym do młyna lub do prac polowych. Wspólnie cięliśmy ręczną piłą kawałki drewna. Świat u dziadków w Sulisławicach był beztroski, pełen ciepła. Było to jednak inne ciepło niż to, którego każde dziecko potrzebuje, a które daje obecność mamy i taty. Czyj ty jesteś, a właściwie, kim ty jesteś, pytali sąsiedzi. Odpowiadałem, że jestem synem Jadzi Barylaczki, ale nazywam się Cupiał. Pomimo tego poczucia bycia innym, pobyt u dziadków był dobrym doświadczeniem. Podziwiałem ich, z wypiekami na twarzy słuchałem historii o ich życiu w górach nad wodami Prutu, z którego zostali brutalnie wyrwani przez Armię Czerwoną. Sami szukali swojej nowej tożsamości i miejsca do życia u podnóża Sudetów.

Rodzice zabrali mnie do swojego domu w Dzierżnie na Jurze Krakowsko-Częstochowskiej, gdy przyszedł czas, by rozpocząć naukę w szkole. Musiałem nie tylko wejść w środowisko szkolne, ale też poznać na nowo swoje miejsce w rodzinie. Uczyłem się być synem i starszym bratem oraz wnukiem dla dziadka Tadeusza, ojca mego taty. Tato okazał się być osobą o gołębim sercu, umiejącą słuchać, ze zdrową dawką poczucia humoru. Mama, bardziej uzdolniona i pomocna w nauce, pracowita, ciekawa świata, była jednak typem choleryka. Rodzice troszczyli się o nas jak potrafili najlepiej, wychowywali przez pracę na gospodarstwie ogrodniczym. Gdy miałem 13 lat, przyszedł na świat kolejny brat, Sebastian.

Jako dorastający chłopak interesowałem się piłką, lotnictwem, jeździectwem, astronomią. Były to formy sprawdzenia się. Z czasem główną przygodą i pasją życia stał się dla mnie udział w ruchu oazowym i ekumenicznym, w którym znalazłem swój sposób na zmienianie świata. Temu służyły też studia teologiczne na KUL-u, strajki studenckie, budowanie wspólnoty Effatha przy duszpasterstwie akademickim. Po magisterce poznałem Annę, która podobnie jak ja była mocno związana z oazą. Już na progu naszej znajomości pojawił się temat ojcostwa. Powiedziała: „Chciałabym mieć z tobą dzieci". W 1989 roku, po sześciu latach znajomości, wzięliśmy ślub.

Początkowo zajęliśmy się dalszymi studiami, ale nie chcieliśmy długo czekać na dzieci. Już w 1991 roku przyszła na świat pierwsza córka. Każde nasze dziecko było chciane i zaplanowane, rodziły się co dwa lata. Szkoła rodzenia i przyjście na świat dzieci otworzyły nowy etap w moim życiu, wiedziałem, że zmienia się ono bezpowrotnie. Byłem przy każdym porodzie. Imiona dzieci dobieraliśmy wspólnie, tak jak odczytywaliśmy rys ich przyszłego powołania. Maria – radość, Zofia – mądrość (przyszła na świat, gdy byliśmy w USA z powodu mojego stypendium ekumenicznego). W Warszawie urodził się Jan – łaska syna.

Inne kolory ma ojcostwo wobec córek, a inne wobec syna. Przy córkach były lalki, pluszowe misie, wszystko śpiewało, tańczyło. Gdy pojawił się syn, choć wprowadziliśmy embargo na militarne zabawki, wszystko w jego rękach wybuchało, strzelało. Kiedyś przywitał mnie w drzwiach, wracającego z pracy, z wycelowanym we mnie kijkiem od nart, który posłużył mu jako miecz i powiedział: „Stawaj tato, walczymy!". Zabawy w rycerzy, czas na placach zabaw, długie rozmowy przy stole, dużo śmiechu, wspólnego śpiewania, czytania po raz nasty do poduszki „Opowieści z Narnii". Mam z tego okresu w swoim albumie i w sercu liczne fotografie, ślad wielkiej radości i satysfakcji z daru ojcostwa. Byliśmy szczęśliwą rodziną, a nasza wspólnie przebyta droga była piękna.

Po piętnastu latach małżeństwa wszystko nagle się zmieniło. Dzieci były już na etapie szkolnym. Żona postanowiła pójść do pracy. Miałem przeczucie, że rodzinę mogą spotkać nowe wyzwania, ale nic nie zapowiadało nieszczęścia. Nagle ktoś, kto był częścią mojego życia, osoba, której zaufałem i dałem słowo, że będę z nią do końca moich dni, na dobre i na złe, w zdrowiu i chorobie, oświadczyła mi, że odchodzi. Byłem kompletnie zaskoczony. Doświadczyłem traumy, tym dotkliwszej, że była wynikiem wstydliwej sytuacji zdrady. Początkowo traktowałem tę sytuację jako coś przejściowego, próbę, przez którą trzeba przejść, spokojnie ją przeczekać, aż się wszystko ustabilizuje. Stanowczo odmówiłem, słysząc żądanie rozwodu.

Dzień 28 lutego 2006 roku był jednym z najtrudniejszych w moim życiu. Wróciłem zmęczony z wyjazdu służbowego do Wrocławia. Wchodząc do miejsca, które było dotąd naszym domem, znalazłem puste pokoje pozbawione mebli. Zostały mi tylko sterty śmieci, zabrano nawet żyrandole i prysznic. Moje osobiste rzeczy były porozrzucane. Na stole leżała kartka z informacją od córki, że jest z matką i rodzeństwem, żebym się nie martwił.

Widząc puste mieszkanie, grunt usunął mi się spod nóg. Czułem się jak Hiob, który stracił wszystko, co miał najcenniejsze. Opatrzność czuwała jednak nade mną i na tę ekstremalnie dramatyczną próbę życiową wyposażyła w podwójne remedium, które ochroniło mnie przed zrobieniem jakiegoś głupstwa. Moje serce przeszywał ból, ale z jego głębi wypłynęła wdzięczność za dobro, którego przez lata doświadczałem jako mąż i ojciec. Drugi oręż to ten mój szalony optymizm, który podsuwał mi słowa „że poradzę sobie", że „wszystko jest po coś". Usłyszałem wtedy w sobie słowa

Hioba i wypowiedziałem je głośno: „Pan dał, Pan zabrał, niech imię Pańskie będzie błogosławione!" (Hi 1, 21). Tak bywa, że życie przynosi nieraz trudne doświadczenia, także nam, ojcom. Wiem, że nie jestem pierwszym, ani ostatnim, który musiał przez to przejść. Myślę, że to doświadczenie zostało mi dane, bym spróbował bardziej zrozumieć kim jestem oraz mógł skuteczniej pomagać innym. Co zrozumiałem?

Bywa, że miłość i nienawiść są jak dwie sąsiadki w sercu kobiety. Obie potrafią być ślepe i silne. Chroniąc nasze życie rodzinne przed różnymi atakami z zewnątrz, zapomniałem, że czujnym trzeba być też wobec zagrożeń będących całkiem blisko. Nie spodziewałem się, że w łonie rodziny nastąpi programowe niszczenie mojej więzi z dziećmi. Pojawiły się oczerniające osądy wobec mnie ze strony niektórych osób, dziwnie zachowała się szkoła, z której wypisano dzieci bez mojej wiedzy i zgody. Z wyższością, jakimś niesmakiem zaszufladkowali mnie niektórzy ludzie w Kościele, którzy nie fatygując się o rozeznanie, kto jest sprawcą, a kto ofiarą separacji, bezwiednie powtarzali, że przecież „każda strona musi być trochę winna". Niszczycielską bronią okazała się być – odpowiednio wykorzystana – współczesna psychologia. Osobiście mogłem przekonać się, jak potężnie można zaburzyć wizerunek ojca w oczach dziecka. Władza sądownicza naszego państwa zawiodła, gdy – nie godząc się na rozwód – zostałem oskarżony o przemoc psychiczną na tle religijnym i w 2011 roku skazany na rok więzienia w zawieszeniu. Niektóre osoby pytały wówczas, czy dobrze robię, angażując się dalej w Tato.Net. Doradzano mi, bym odszedł, bo mój przykład szkodzi wizerunkowi dzieła, jest sprzeczny z ideałami. W odpowiedzi na krzywdzący i niesprawiedliwy wyrok sądu złożyłem skargę do Europejskiego Trybunału Praw Człowieka w Strasburgu. Po dwunastu latach życie napisało nowy rozdział mojej historii. 14 lutego 2023, w dniu patronów Europy i Fundacji Cyryla i Metodego Europejski Trybunał wydał werdykt, który zakwestionował ciążący na mnie wyrok, wskazując, że proces ten przebiegał z naruszeniem elementarnych praw człowieka.

Pytałem sam siebie, czy w moim życiu jest jeszcze miejsce na ojcostwo. Po jakimś czasie zrozumiałem, że trzeba przyjąć to, co się stało, kochać dalej dzieci, przebaczyć ich matce i iść swoją drogą. Długo trwała też lekcja uczenia się, że dzieci i ich matka tak naprawdę nie przynależą do nas w takim sensie, w jakim może to przeżywamy i odczuwamy. Fakt złożenia przysięgi małżeńskiej nie oznacza, że mogę małżonkę wbrew jej woli zatrzymać przy sobie.

Przez trzy lata od czasu pozwu o rozwód wykorzystałem wszystkie znane i dostępne mi środki, aby scalić naszą rodzinę. Trudna to była lekcja odróżnienia szacunku dla żony i akceptacji jej prawa wolnego wyboru do odejścia od braku poparcia jej postawy.

Popełniłem wielki błąd, że w całej tej bolesnej okoliczności, stając po stronie zasad, nie redukowałem sporu do minimum. Jakiekolwiek eskalowanie konfliktu zawsze szkodzi przede wszystkim dziecku, to ono zostaje zranione najmocniej. Dziś wiem, że w przypadku rozejścia się rodziców trzeba jak najszybciej dojść do porozumienia w sprawie dzieci. Gdybym mógł cofnąć czas, postąpiłbym inaczej. Każda sytuacja próby ratowania rodziny wymaga indywidualnego podejścia. Co do mnie, powinienem był pozwolić żonie odejść i podjąć mediację w kierunku ochrony dzieci.

Któregoś dnia dostałem wezwanie do sądu metropolitarnego. Anna chce stwierdzenia nieważności naszego małżeństwa. Rozpatrzenie okoliczności, które decydują o tym, czy nasze małżeństwo było ważnie zawarte to zadanie autorytetu Kościoła. Już po publikacji drugiego wydania „Kolumbów" Sąd Metropolitalny wydał wyrok stwierdzający nieważność sakramentu zawartego przeze mnie małżeństwa. Czytając wyrok, poczułem się jak żołnierz zwolniony ze swojej przysięgi przez dowódcę.

Przestałem pełnić rolę męża, ale ojcem nigdy nie przestanę być. Nie mam wprawdzie oparcia w autorytecie matki dzieci jako ojciec, nie mogę uczestniczyć w życiu moich dzieci, ale zbieram doświadczenie z nadzieją, że będę mógł ten depozyt im przekazać. Czekam. Ojciec nie może się obrazić. To dziecko może odwrócić się na pięcie i odejść, ojciec nie.

Mój prywatny survival to program, który czerpie energię również z przypowieści o synu marnotrawnym i dobrym, ale wzgardzonym ojcu. Na swój użytek odczytałem tę historię jako przypowieść o ojcu, który został odrzucony jako osoba, zdradzono jego zasady, ideały. Podobnie jak ten ojciec i ja zostałem wzgardzony. Gdy doświadczyłem odrzucenia i wzgardzenia mojej osoby, moich ideałów, stylu i zasad życia, zobaczyłem, że moje ojcostwo nie tylko się nie skończyło, ale dopiero zaczyna dojrzewać. Teraz moja droga jest bardziej świadoma. Otóż bycie tatą jest czymś bardziej poważnym, a nie tylko sielankowym chodzeniem na spacer z wózeczkiem, czy rozczulającymi kąpielami niemowlaka w pianie. To kwestia tego kim się jest, jakim się jest.

To, co teraz realizuję jako swój TatoPlan brzmi apelowo: jestem, pamiętam i czuwam. Rozwijam się, pracuję, zabezpieczam dzieci finansowo, składam duchowy depozyt, który kiedyś może być przydatny. Rzeczą ojcowską jest błogosławić, więc każdego dnia błogosławię moje dzieci, modlę się o dobre życie dla nich. Mam kontakt z Marysią, która została mamą i dała mi doświadczyć satysfakcji bycia dziadkiem. Drzwi domu dla każdego mego dziecka są zawsze otwarte.

W *Pożegnaniu z bronią* Ernest Hemingway napisał, że „świat łamie każdego, ale ten fakt czyni później wielu mocniejszymi". W moim przypadku to złamanie dotknęło głęboko więzi ojcowskich. W 2006 roku, kilka tygodni po powrocie do opustoszałego domu, byłem w Kijowie na kongresie rodzin. Gdy przygotowywałem się do wykładu dla uczestników kongresu, moje ojcowskie serce nadal krwawiło, a nogi wydawały się być z ołowiu – nie mogłem wejść do sali konferencyjnej. Samo miasto pełne było jeszcze pamiątek z czasów komunizmu, łącznie z pomnikiem Lenina. Zauważyłem, że w socrealistycznym pałacu, w którym odbywał się kongres, na potrzeby uczestników wydzielono miejsce ciszy i modlitwy. Wystarczyły trzy symbole, by w świeckiej przestrzeni można było poczuć *sacrum*. Ikona, księga, krzyż. Postanowiłem się skupić i zaczerpnąć trochę sił przed wykładem. Było wcześnie rano. W tej postkomunistycznej kaplicy nie było jeszcze nikogo. W głębi serca pragnąłem, by Bóg ugasił ten ogień, który zniszczył moją rodzinę. Wierzyłem, że odpowie. Moja improwizowana, spontaniczna modlitwa miała trzy fazy. Na początek wpatrywałem się w ciszy w ikonę Chrystusa Pantokratora – Pana historii. Usłyszałem w głębi duszy, że Ten, który panuje nad wiatrami historii, może również poskładać moją potrzaskaną historię. Ta myśl dodała mi pewnej otuchy. Następnie zwróciłem się w kierunku krzyża. Zauważyłem, że nie jest to znany mi na co dzień krzyż łaciński (pasyjka z postacią

Chrystusa umęczonego), tylko krzyż wschodni, odczytywany jako znak zmartwychwstania. Miał ponad dwa metry, musiałem się wyprostować, by nawiązać z Ukrzyżowanym kontakt wzrokowy. Nie widziałem znaków męki, tylko symbole zwycięstwa. To był kolejny zastrzyk duchowego pokoju. Na koniec postanowiłem przeczytać fragment Pisma Świętego. Z ufnością, że Bóg odpowie na moją modlitwę i ugasi ogień nienawiści. Nie miałem przy sobie swojego egzemplarza Biblii, więc podszedłem do księgi zapisanej cyrylicą. Otwieram. Po raz trzeci czuję, że wkraczam w transcendentną tajemnicę – *misterium tremendum* – która rzuca światło na moje życie. Słowa, na które natrafił mój wzrok pochodziły z Księgi Daniela:

Царські слуги, що вкинули їх,
не переставали розпалювати печі ропою,
смолою, клоччям та хмизом,
так що полум'я піднялось
на сорок дев'ять ліктів поверх печі.

(Ten tekst nie występuje we wszystkich kanonach Biblii. Zawierają go tylko Biblie prawosławne i katolickie. Fragment Dn 3,46-47: „Słudzy królewscy, którzy ich wrzucili, nie ustawali w rozpalaniu pieca naftą, smołą, pakułami i chrustem, tak że płomień wznosił się czterdzieści dziewięć łokci ponad piec".)

Na plecach poczułem dreszcz i pot. Zrozumiałem, że oto odradzam się jak feniks z popiołów. Otrzymałem odpowiedź – znak. Odpowiedź jest jednak inna, niż mógłbym sobie życzyć. Klucz do zrozumienia mojego doświadczenia jest w opowieści z Księgi Daniela o mężczyznach, którzy stali się obiektem nienawiści i niesprawiedliwego wyroku tylko dlatego, że byli

sobą i zachowywali wiernie swoje zasady i styl życia. Ta historia stała się metaforą mojej obecnej sytuacji. Potrzebuję być wierny sobie oraz być posłuszny wewnętrznemu głosowi, który zapewnia, że mający mnie zniszczyć ogień nie tylko nie zgaśnie, ale nawet wzrośnie, jednak nie stanie mi się krzywda, jeśli zachowam wierność swoim zasadom
i posłannictwu.

Jaką lekcję otrzymałem w ten majowy poranek w Kijowie? Czego nauczył mnie ten trudny etap w moje ojcowskiej historii? Znalazłem konkretne dobrodziejstwa płynące z doświadczenia wejścia w ogień, gdy pali się mój świat.

Od dzieciństwa nie miałem doświadczenia poważnego konfliktu połączonego z odrzuceniem mojej osoby, generalnie lubiłem ludzi i byłem lubiany. Dziwiłem się, gdy znajomi „przestawali się do siebie odzywać". Pomimo upływu czasu ból spowodowany zdradą żony i rozstaniem z dziećmi nie tylko nie ustawał, ale się wzmagał. Czułem w sercu ból, postanowiłem przebaczyć, jednak rana pozostała jak stygmaty. Niełatwo było znaleźć sobie miejsce w tej sytuacji. Do głosu dochodził lęk o bezpieczeństwo dzieci oraz ich właściwe wychowanie. Musiałem ten lęk w sobie pokonać. Pomogło mi w tym doświadczenie w Kijowie, moja „wyprawa po wizję". Przestałem się lękać ognia ludzkiej nienawiści i odrzucenia.

Andrzej, syn Czesława

Andrzej Lazurko – absolwent Politechniki Warszawskiej, aktywny zawodowo i społecznie (animator, wraz z żoną, w ruchu „Spotkania Małżeńskie" oraz w harcerstwie), ojciec trzech synów. Zaangażo-

wany w ich wychowanie także przez warsztaty przygodowe Tato.Net. Dba o ich rozwój intelektualny i fizyczny, wyznając maksymę swojego taty: „Ruch to życie". Oprócz tego zależy mu na przekazaniu synom podstawowych wartości, jak wiara, rodzina, prawda, szacunek do drugiego człowieka i siebie samego.

Moi rodzice się rozwiedli. O swojej roli ojca wiedziałem tylko jedno: widząc rozpad małżeństwa moich rodziców, nie chciałem, by doszło do tego w moim przypadku. Jako dziecko mocno przeżywałem rozwód rodziców. Chciałem tego zaoszczędzić moim dzieciom. Niestety, nie udało się.

Z pierwszego związku urodził się w 1987 roku syn. Z drugiego związku mam dwóch synów. Mają teraz po 10 i 12 lat. Cieszę się, że mam więź z moim pierwszym synem. On sam, widząc ciepły klimat w naszej rodzinie, postanowił, że chce mieć dobrą relację z przyrodnimi braćmi. Lubią w trójkę spędzać ze sobą czas.

Z żoną jeździmy na spotkania małżeńskie, na kursy dla narzeczonych i widzimy, że młodzi ludzie często nie wiedzą, jak bronić swojej drogi, swoich pozycji, jak się odnaleźć w sytuacji małżonków i rodziców. Czasami wciąż czują się przede wszystkim dziećmi, lecą z każdym problemem do rodziców zamiast do współmałżonka. Boją się konsekwencji, wolą radę rodziców i postępują według ich wyborów, nie biorąc odpowiedzialności za własne wybory i czyny.

Faceci dzielą się na chłopców i ojców. Chłopcy stawiają zabawę na pierwszym miejscu – żeby było fajnie. Może tak są przyzwyczajeni, wychowani. Wiąże się to też z ciekawością świata. Ja też w jakimś stopniu długo byłem facetem-chłopcem. Wielkim przełomem stał się dla mnie poród drugiego i trzeciego syna. Przygotowywałem się z żoną do porodu. Odkrywałem, jakie to ważne, by być przy rodzącej – jako wsparcie dla żony i współuczestnik przy matce. Przy porodzie uczyłem się pokory. Będąc bardziej dojrzałym, zobaczyłem, że nie mam tu na nic wpływu, że to wszystko jest w rękach Boga. Wprawdzie uczestniczyłem w przygotowaniach do porodu, chciałem nieść pomoc, ale i tak mało w sumie mogłem zrobić. Musiałem z pokorą przyjąć to wszystko: ból żony, niepewność, ale też dar życia. Sam poród to niesamowite przeżycie. Poczułem się ważny jako mężczyzna, jako ojciec. Oto uczestniczę w czymś bardzo ważnym w życiu, czego nie da się z niczym porównać. Nowy człowiek przychodzi na świat, a ja go tuż po porodzie trzymam na rękach. Poczułem wielką odpowiedzialność. Pomagałem żonie w sytuacjach bólowych, w podejmowaniu decyzji. Widziałem, jak jej trudno i że ona bardzo potrzebuje mojego wsparcia. Czułem się ważny. Brałem udział w czymś niezwykle istotnym – uruchamianiu nowego życia. Nie mam na wiele rzeczy wpływu, ale jestem za wiele rzeczy odpowiedzialny. To dał mi poród. Szkoda, że gdy rodził się mój pierwszy syn, nie było możliwości uczestniczenia przy porodzie. Może narodziłbym się szybciej jako ojciec.

Gdy rodzice się rozwiedli, miałem 7 lat. Zostałem przy mamie, choć tato podjął wielką walkę, byśmy byli przy nim. Mój młodszy brat i ja wychowywaliśmy się w sfeminizowanym środowisku. Cztery lata młodszy brat po jakimś czasie został przez sąd przydzielony ojcu. Tato pracował w Warszawie, a mnie mama zawiozła do swej rodziny w Poznaniu. Nie miałem z nim kontaktu. Z mamą, zresztą, kontakt też był ograniczony, bo została w Warszawie, by pracować, a mnie w Poznaniu wychowywali dziadkowie. Mocno brakowało mi taty. Na dodatek byłem wobec niego wrogo nastawiany. To trwało do końca 4 klasy. Potem sąd przyznał mnie ojcu. A że już miałem mocną relację z mamą, znów było mi ciężko. Wszystkim w sytuacji rozstania z matką dziecka chciałbym powiedzieć, że warto redukować konflikt. Nie dopuszczać do napięć, które zamykają drogę, nawet jeśli byłoby to kosztem naszego upokorzenia. Ojcostwo jest ważniejsze niż moja duma, wygranie w utarczkach słownych.

Tato starał się rozbudzić we mnie zainteresowanie sportem, mechanizacją i wyprawami. Staram się to teraz przekazać synom. Od małego wpajałem im gimnastykę, wychodzenie na boisko. Myślę, że to dlatego w szkole radzą sobie sportowo dużo lepiej niż większość dzieci, są sprawniejsze. Tato zajmował się samochodami, wiele czasu spędzał w garażu, a my z bratem siedzieliśmy tam z nim i obserwowaliśmy go, pomagaliśmy mu. Umiem dzięki temu wiele rzeczy. Ojciec był też zafascynowany westernami i pozytywnymi bohaterami z tych filmów. Taki John Wayne chociażby. Poprzez klasykę westernową chciał mi ukazać właściwe postawy. One w tych filmach są bardzo klarownie pokazane. Oglądaliśmy razem i potem rozmawialiśmy o decyzjach i czynach bohaterów.

Długo dojrzewałem do tego, by świadomie przeżywać ojcostwo. Brakowało mi jednak bardzo tej początkowej dobrej relacji z własnym tatą. Przez jakiś czas rolę ojca spełniał dziadek ze strony mamy. Uczył nas przede wszystkim okazywania szacunku. Jego żona i dzieci wyrażali to bardzo dobitnie, mieli wobec niego ogromne poważanie. Teraz tego bardzo brakuje w rodzinach. Z żoną postanowiliśmy, że naszych dzieci będziemy uczyć szacunku. Szacunek w rodzinie zaczyna się od rodziców, czyli jeśli żona nie szanuje męża lub mąż żony, to i dzieci nie będą ich respektować. Matka i ojciec najskuteczniej wypracowują sobie poważanie u dzieci, gdy tę postawę okazują wobec drugich, zwłaszcza wobec siebie nawzajem. Jeśli mężczyzna pozwala, by lekceważono jego żonę, choćby w jego domu rodzinnym, to musi zrozumieć, że wtedy on sam także jest lekceważony. Natomiast okazywanie respektu mężowi przez żonę nie jest żadnym poddaństwem, jak to fałszywie, w manipulancki sposób głoszą niektóre środowiska. Szacunek pomaga w budowaniu mężczyzny, jego szacunku wobec siebie, poczucia swej wartości, a także w odkrywaniu jego tożsamości. Mężczyźni wychodzą z różnych domów, środowisk, doświadczeń, często destrukcyjnych. Niejednokrotnie noszą w sobie Kolumbów i mądra kobieta potrafi ich wyzwolić w swoim mężu, wzmocnić, rozwinąć. Gdy z moją żoną zdaliśmy sobie z tego sprawę, zaczęliśmy inaczej się do siebie odnosić, unikać obraźliwych słów, nie deprecjonować, nie lekceważyć nawet w żartach, przy dzieciach nie wytykać swoich słabości.

Ogromnie się cieszę każdego dnia, że mam rodzinę, że są chłopcy, że jesteśmy razem. Okazuję im miłość przez gesty, często takie proste, jak przytulenie, pogłaskanie, czytanie bajek na dobranoc, opowiadanie różnych wymyślanych na poczekaniu historyjek. Wchodzę na ich poziom i dzielę się swoim doświadczeniem. Ważne jest, żebym to ja urządzał dla nich zabawy, wyjazdy, rozmowy. To jest inaczej odbierane przez dzieci, niż gdy taka propozycja wychodzi od mamy. Podobnie, gdy zainicjuję im jakąś zabawę, ich zaangażowanie w nią wzrasta o jakieś 70% w porównaniu z zaangażowaniem w zabawę wymyśloną przez nich samych. Gdy się gimnastykujemy, robimy to razem. Czasem stawiam im poprzeczkę wysoko, ale oni się starają, bo ja też ćwiczę, a nie dyryguję nimi z fotela.

Chcę być z dziećmi, spędzać z nimi czas. Nie tylko załatwiać obowiązki, ale być dla nich. Bardzo trudne było to, że gdy rozstawałem się z matką najstarszego syna, on miał tyle lat, co ja w chwili rozwodu moich rodziców. Obawiałem się, jak to wszystko na niego wpłynie. Jego matka nastawiała go przeciwko mnie, a ja nie miałem na niego prawie żadnego wpływu. Musiałem z pokorą przyjąć to, że nie nad wszystkim mogę zapanować. Nie krytykowałem jego matki w jego obecności, nie dolewałem oliwy do ognia, nie pogrywałem dzieckiem. A teraz coraz mocniej widzę, że przynosi to dobre owoce w postaci szacunku i zaufania.

Grzegorz, syn Dionizego

Grzegorz Grochowski jest mężem Renaty oraz ojcem Małgosi i Agaty. Z wykształcenia teolog, wykładał na Wydziale Papieskim w Warszawie, obecnie profesor Uniwersytetu Gdańskiego. Kiedy przyjechał na Tato.Net, chciał po prostu spotkać kilka konkretnych osób, o których słyszał, czy których teksty czytał i posłuchać, co mają do powiedzenia. Fakt, że o ojcostwie będą mówić i na spotkaniu będą tylko mężczyźni, napawało go obawą. Ale szybko zobaczył, że niepotrzebnie. Grzegorz jest autorem piosenki o pięknych słowach: „Bóg kocha mnie takiego jakim jestem, raduje się każdym moim gestem".

Gdy dorastałem, nie miałem stałego wzorca męskiego. Rodzice się rozwiedli, ojciec miał ze mną kontakt jedynie okazjonalnie. Nie miałem wzorców do budowania swej męskiej świadomości. Raczej chodziło o świadomość poprzez zaprzeczenie. W moim otoczeniu była mama i starsza siostra. Zatem na zasadzie zaprzeczenia moja męskość to była przede wszystkim niekobiecość. W grupach rówieśników zawsze byłem gdzieś dalej, chowałem się zawsze za kimś mocniejszym, stawiałem siebie jako drugiego, jako „wice". Nie czułem się pewnie. To zaprzeczenie, że bycie mężczyzną u mnie to nie bycie kobietą czasami przyjmowało dramatyczne formy, bo nieraz zaprzeczało metodom wychowawczym wypracowanym przez mamę na starszej siostrze, na której się sprawdziły, a na mnie już nie bardzo.

Pierwsze zakochania, relacje z dziewczynami pokazały mi, że mam jakąś wartość jako mężczyzna, że jestem facetem, skoro dziewczyny się mną interesują. Ale dopiero nawrócenie pozwoliło mi rzeczywiście przewartościować moje myślenie, wartości, także samoocenę. Nastąpiło to w okresie nauki w liceum. Do tej pory mój obraz chrześcijaństwa opierał się na tym, co widziałem w rodzinach moich rodziców. Od strony ojca był to wojujący ateizm, od strony matki sentymentalizm, uczuciowa pobożność. Natomiast w oazie spotkałem chrześcijaństwo rozumiane jako relacja z Bogiem, dbające o jej rozwój. I ja zacząłem się rozwijać.

Dużo czerpię z dobrych wzorców. Generalnie ojcowie wielodzietni, którzy radzą sobie z wychowaniem, z cierpliwością, okazywaniem miłości, a jednocześnie także finansowo sobie radzą, są dla mnie niesamowitym wzorem, zachęcają mnie do lepszego bycia ojcem, do większego starania się. Także promotor mego doktoratu, śp. ks. Józef Majewski, jest dla mnie wzorem ojca. Nie był wprawdzie biologicznym ojcem, ale był kwintesencją ojca w relacjach wobec swoich uczniów. Towarzyszyła mu wieczna troska o nas, stawianie wymagań, zainteresowanie naszymi sprawami, życiem.

Jako ojciec narodziłem się z chwilą narodzin pierwszej córki. Położna powiedziała wtedy: „U chłopaka zucha pierwsza dziewucha". I poczułem się dobrze z tym byciem ojcem. Jednocześnie dotarło do mnie, że zakończyło się młodzieżowe podejście do życia, a zaczęła się odpowiedzialność. Wkroczyłem na równię pochyłą i już nie było odwrotu. Musiałem stanąć do walki z kawałkiem chłopca we mnie. To pożegnanie z chłopcem nie było łatwe i ta walka wciąż ma miejsce, niemal za każdym razem, gdy muszę dokonywać wyborów. Mężczyzna, ojciec walczy wtedy z pragnącym zabawy i łatwego życia chłopcem. Ja, pępek świata, wychowany wśród kobiet, rozpieszczony, dotarłem przy narodzinach pierwszego dziecka do momentu, gdy stanąłem wobec wymagania, by pokazać, że jestem facetem. Małżeństwo i narodziny dziecka to chwile szczególnej walki między mężczyzną a chłopcem.

Staram się nie popisywać przed córkami, choć czasem bardzo mnie kusi (tu chyba też wychodzi ze mnie chłopaczek). Lubię, gdy moje dziewczyny są ze mnie dumne, podziwiają mnie. Ale przecież nie o to chodzi. Lepiej jest, gdy z córkami spotykam się na szlaku wspólnych działań. Z żoną uczymy od małego nasze dzieci zaangażowania w różnorakie nasze prace. Zależy nam, by córki chciały być dobre. Jesteśmy inicjatorami wielu wydarzeń artystycznych, szkoleniowych. Razem z żoną prowadzimy szkołę taneczną. Najstarsza córka, Małgosia, jest w niej teraz menadżerem gospodarczym.

Kiedy z Małgosią wracaliśmy pociągiem z warsztatów Tato.Net, ona siedziała już w przedziale, a ja stałem na korytarzu, rozmyślając. Wysłała do mnie SMS-a: „Mam nadzieję, że po tych warsztatach będziemy się, TATO, lepiej rozumieli". Było to dla mnie podsumowaniem naszego doświadczenia na warsztatach. Byłem ogromnie zaskoczony jej znajomością mojej osoby, moich reakcji na jej słowa i zachowanie. Z kolei Agatka, druga córka, teraz nastolatka, potrafi czasem taką szpilę włożyć, że naprawdę zastanawiam się, czy na pewno zrobiłem wszystko, aby dobrze ją wychować. Martwię się jej podejściem do mnie jak do bankomatu, wymaganiami, by więcej mieć. Czy nie popełniłem gdzieś jakiegoś strasznego błędu? Ile rozterek towarzyszy ojcom!

Wielkim wyzwaniem dla mnie od kilku lat jest problem oddania swego ojcostwa. Dziewczynki już są w takim wieku, że trzeba przyjmować tę myśl, iż niedługo jacyś inni mężczyźni zajmą centralne miejsce w ich życiu. Muszę moje córki uwolnić w swym sercu. Przygotowuję się, żeby nie czuć z tego powodu jakiegoś braku. Chcę być szczęśliwym ojcem dorosłych córek. Czasami, wspominając pierwsze dwa lata życia Małgosi, mówię jej: „Dopiero trzymałem cię na rękach, bujałem całą noc, bo przez kolki nie mogłaś spać, a już jesteś dorosłą panną". No właśnie, o to chodzi, że nie mogę jej całe życie trzymać na rękach, tylko muszę zobaczyć w niej samodzielnego człowieka.

Nie jestem ojcem tylko wtedy, kiedy sobie powiem, że nim jestem, kiedy muszę się dzieckiem zajmować, a w dogodnej chwili zwalniam się z ojcostwa. Jestem przede wszystkim człowiekiem, jestem sobą. Muszę zainwestować w siebie. Gdy jestem dobrym człowiekiem, dobrze wykonuję swoją pracę, rozwijam swoje zdolności, swoje hobby, zainteresowania, to mam sporą szansę na dobre wychowanie własnych dzieci. Po prostu, jeśli jestem szczęśliwym, spełnionym mężczyzną, jestem też dobrym ojcem.

Maciej, syn Jerzego

Maciej Przybylski – z wykształcenia pedagog, zawodowo pracuje jako kurator sądowy w pionie rodzinnym, w obszarze psychoterapii i poradnictwa rodzinnego. Mieszka na ziemi lubuskiej w Kostrzynie nad Odrą. W dorzeczu dwóch rzek, Odry i Warty, czuje się u siebie; lubi te piękne tereny, bogate w różnorakie ptactwo i ryby. Wspólnie z żoną Małgorzatą, o której mówi, że jest najpiękniejszą kobietą na świecie, urodzili troje dzieci: Jakuba, Hannę i Tymoteusza. W 2012 po raz pierwszy brał udział w warsztatach dla ojców oraz dołączył do zespołu Tato.Net jako trener.

Pamiętam, jak urodziło się nasze pierwsze dziecko – syn Jakub. Trzymałem go na porodówce na rękach, takie małe zawiniątko z żółtą twarzą, bo – jak to się często zdarza – złapał żółtaczkę. Pamiętam to bogactwo emocji, które się wtedy pojawiło, przedziwnych doświadczeń, satysfakcji, radości, a później... poczułem, jak ugięły się pode mną nogi, jak gdyby były z waty. W głowie tłukły się myśli: czy ja będę umiał go kochać? czy będę umiał być dla niego ojcem? Te dwie proste myśli sprawiły, że poczułem się jak człowiek spadający w otchłań. Rozpłakałem się jak dziecko i dotarło do mnie, że ja nie wiem, co to znaczy być ojcem. Owszem, zostałem ojcem w obszarze biologii, ale ja nie wiem, jakim mam być mężczyzną, aby można było o mnie powiedzieć, że jestem ojcem we wszystkich innych obszarach. Odkryłem, że te dwa pytania, dwie wątpliwości są autentyczne, prawdziwe, że noszę je w swojej głowie... nie wiem, co to znaczy być ojcem.

Moi rodzice rozwiedli się, kiedy miałem 12 lat. Tato wyjechał na drugi koniec Polski, zresztą już wcześniej nie był obecny w sposób stały w rodzinie; pracował w delegacjach, w kraju i za granicą. Wspomnień związanych z tatą mam trochę i to różnych.

Wychowywałem się w zasadzie wśród samych kobiet – mama, siostra, ciotka, babka. Dziadek zmarł za wcześnie, wujowie mieszkali gdzieś dalej. Myślę, że to doświadczenie spowodowało, że w wieku dwudziestu kilku lat tak naprawdę nie wiedziałem, co to znaczy być mężczyzną, a tym bardziej ojcem. Taki stan świadomości wzbudza gdzieś tam w głowie i w sercu trudne myśli i odczucia, przede wszystkim niepewność. Oto wkraczam na nieznany teren, robi się w pewnym sensie niebezpiecznie. Dużo lęku, niewiadomych, i... dobra mina do roli, której brak scenariusza.

Minęły lata. Teraz, z perspektywy tych kilkunastu lat mojego ojcostwa mogę podzielić się przekonaniem, iż w poradzeniu sobie z tym lękiem i w stawaniu się dla moich dzieci osobą, która daje im poczucie bezpieczeństwa pomogło mi to, że znam własną tożsamość. A to jest nierozerwalnie związane z tym, że w dużej mierze wiem, co to znaczy być mężczyzną dzisiaj, wiem, co to znaczy być ojcem. Ta świadomość sprawia, że ja po prostu mam możliwość spojrzenia na siebie we właściwy sposób.

Moja tożsamość to obszar, który odkrywam i o który muszę dbać nieustannie. Dobrze i przede wszystkim bezpiecznie czuję się ze sobą, kiedy wiem, kim jestem, jakie jest moje powołanie, dziedzictwo, czym charakteryzuje się droga, po której powinienem iść, czym powinienem wyróżniać się jako mężczyzna i ojciec. To pewnie brzmi pięknie i wzniośle, ale we mnie wciąż brzmiało pytanie: skąd się bierze to właściwe bycie mężczyzną? Od kogo mam się dowiedzieć, co to znaczy być mężczyzną i ojcem: od kobiety, z mass mediów, podążać za zmieniającym się światopoglądem? Pewnie najlepiej byłoby nauczyć się tego od własnego ojca...

Narodzenie się pierwszego dziecka i towarzyszące temu wydarzeniu wątpliwości zbiegły się w czasie z innym ważnym dla mnie faktem. Otóż po latach oddalenia powracałem do Boga. Jedną z pierwszych rzeczy w tamtym okresie, które Bóg uczynił w moim życiu, było zaproszenie do odkrywania Jego ojcostwa jako źródła prawdy, inspiracji i mocy dla mego stawania się ojcem. Słowa, które napisał św. Paweł w Liście do Efezjan stały się dla mnie miejscem, z którego wyruszam po odpowiedzi dotyczące mojego ojcostwa: „Dlatego zginam kolana moje przed Ojcem, od którego bierze nazwę wszelki ród na niebie i na ziemi, aby według bogactwa swej chwały sprawił w was przez Ducha swego wzmocnienie siły wewnętrznego człowieka" (Ef 3,14-16). To dzieje się po dziś dzień. Klękam i pytam.

Drugą rzeczą – w kontekście mojego ojcostwa – do której przygotował mnie Bóg, było pojednanie się – po latach bez kontaktu – z moim tatą. Bóg doprowadził do tego, że przebaczyłem ojcu i zaprosiłem go do uczestnictwa w moim ojcostwie. Od tamtej pory nasza relacja oparta jest na głębokiej przyjaźni i miłości. Mam takie odczucie, że gdybym mu nie przebaczył, to moje ojcostwo można by było porównać do jazdy autem o sporych możliwościach, ale na zaciągniętym hamulcu ręcznym.

Najważniejsze dla mnie – prócz odkrywania tożsamości – jest posiadanie pozytywnego wyobrażenia o powołaniu do męskości i ojcostwa. To nie jest miłe ani zachęcające uczucie, kiedy nogi się uginają i lecisz w czarną dziurę, myśląc o swoim ojcostwie. Podobnie nie jest pożyteczne, kiedy myślę o sobie, że sam jestem w stanie stawać się ojcem. Moje doświadczenie jest takie: potrzebuję szerszej koncepcji. I to otrzymałem w darze od Stwórcy – piękną i pełną mocy wizję. Odkrywam ją i jestem zaskoczony, do czego czasami zaprasza mnie Bóg.

Oprócz wizji potrzebuję również konkretnych środków, abym mógł ją realizować; sposobów, pomysłów, wsparcia, inspiracji, czasu, modlitwy, obecności innych osób, konkretnie mężczyzn i ojców. W tym kontekście wielkim darem dla mnie jest możliwość uczestniczenia w pięknej przygodzie, a bardziej nawet w wyjątkowym przeżywaniu wspólnoty ojców i wzrastania w odkrywaniu mojej tożsamości. Myślę tutaj o Tato.Net i o całym dziele Fundacji Cyryla i Metodego: warsztaty, publikacje, Forum ojców, nawiązane znajomości i przyjaźnie itd. Wiem, że od kilku ostatnich lat w jakiś sposób byłem przygotowywany do tego, aby wejść w tę rzeczywistość jako ten, który uczy się i wzbogaca, ale też jako trener, który dzieli się własnym życiowym i zawodowym doświadczeniem.

Odkrywanie tożsamości i realizowanie wizji wymaga silnego mężczyzny. Tak więc potrzebuję również zadbać o siebie, bo przecież to ja biegnę w tym – jak to określił w jednym z wywiadów dla Tato.Net dziennikarz Przemysław Babiarz – ojcowskim maratonie. A zdarza się, że wpadam w taką pułapkę: troszczę się o żonę, dzieci, finanse, wakacje, edukacje itd. To wszystko jest bardzo ważne, natomiast niejednokrotnie zapominam, a czasem nie mam odwagi zadbać o siebie. Warsztaty „7 sekretów efektywnego ojcostwa" mocno wskazują na potrzebę znalezienia przez uczestnika fundamentu swojej męskości i punktu odniesienia dla swego ojcostwa.

Kilka lat temu odkryłem, że mam w sobie jakieś mocne pragnienia związane właśnie z dbaniem o siebie. Odczuwam silną potrzebę, by raz, dwa razy do roku spędzić kilka dni poza domem, sam ze sobą. Najczęściej jest to jakiś wyjazd w góry, bez rodziny, po to, aby poprzebywać trochę w samotności, żeby nie stracić kontaktu z samym sobą. Oczywiście, od razu pojawiły się wątpliwości, czy to dobry pomysł? Czy to nie egoizm? Zostawiam żonę i dzieci i jadę sobie w góry, odpoczywam, wydaję pieniądze z rodzinnego budżetu na moje, osobiste potrzeby, podziwiam widoki... Zacząłem się oskarżać... Pomyślałem wtedy, że muszę się pozbyć takiego myślenia, bo jeśli nie zadbam również o siebie, to moje dzieci będą miały ojca mającego trudności z funkcjonowaniem w prawidłowy sposób. Ja po prostu naprawdę potrzebuję tej chwili bycia w samotności. Dla mnie jest to taki czas, o jakim mówi historia z Księgi Rodzaju, kiedy Patriarcha Jakub wracał po latach do swojej rodzinnej ziemi, do swojego brata Ezawa. W trakcie tejże podróży, kiedy zatrzymał się wraz ze swoim całym dobytkiem, rodziną, sługami nad rzeką, na miejscu noclegu usłyszał w swoim sercu jakieś tajemnicze pragnienie, potrzebę. Zadbał więc o swoją rodzinę, pozostawił ich na miejscu noclegu, zaś sam przeprawił się na drugą stronę rzeki. I tam w samotności spotkał się z Bogiem. Było to spotkanie przedziwne, pełne mocy i bliskości, dialogu, a nawet determinacji, walki i spierania się. I stała się rzecz dla mnie niesamowita: owocem tego spotkania było nowe imię, które otrzymał Jakub od Boga: Izrael. Kiedy więc myślę o tym moim pragnieniu przebywania w samotności, chodzi mi o potrzebę czasu dla poszukiwania odpowiedzi na pytania związane z własną tożsamością, nowym imieniem, powołaniem. Modlę się, słucham i wzmacniam „wewnętrznego człowieka". Wracam do domu z takim poczuciem, iż zrobiłem krok do przodu, że łatwiej będzie utrzymać się na właściwym małżeńskim i ojcowskim kursie. Więcej mocy. Wiele rzeczy przestaje być uciążliwym obowiązkiem, a staje się radosnym i spontanicznym stylem bycia z dziećmi.

Takie zadbanie o siebie ważne jest dla mnie również w wymiarze codziennym, zwłaszcza w kontekście pracy zawodowej. Zdarzało się, że wracałem do domu z bagażem trudnych emocji, napięć, czasami zwykłego wkurzenia czy goryczy. I obarczałem w jakiś sposób tymi stanami dzieci, zrzucałem balast. Wymyśliłem sobie wtedy, że w takich sytuacjach przed powrotem do domu zatrzymam się na jakąś godzinę, może na spacer w lesie, nad rzeką i przewentyluję się. Pomaga. Kiedy jestem stabilny w sferze emocji, stwarzam klimat bezpieczeństwa dla moich dzieci. Wtedy mogę liczyć, że czując się przy mnie dobrze, będą chciały również dzielić się ze mną swoimi ważnymi sprawami, wątpliwościami i pytaniami.

Pewnego dnia zabrałem mojego ośmioletniego syna do sądu, aby pokazać mu, gdzie tato pracuje i co robi. Wsiedliśmy do samochodu, a ponieważ Tymek jest strasznym gadułą, obdarzonym jednocześnie zdolnością do przedziwnych refleksji, włączyłem profilaktycznie radio, aby dać mu do zrozumienia, że teraz jest czas na słuchanie. Jednak gdy ruszyliśmy, usłyszałem jego prośbę: tato, mógłbyś wyłączyć radio, bo chciałbym z tobą chwilkę pogadać? No trudno, wyłączyłem radio. Wówczas zaczęła się rozmowa na tak postawione pytanie: „Tato, powiedz mi, co jest największym nieszczęściem dla człowieka?” Hmm, pomyślałem sobie, to dobra okazja aby „sprzedać” mu kilka wartości. Więc odpowiadam mu, że moim zdaniem największym nieszczęściem człowieka jest brak poczucia sensu istnienia, kiedy nie wie, po co żyje, nie ma pomysłu na życie... „Nie, tato – przerwał mi synek – dla mnie największym nieszczęściem dla człowieka jest bakłażan, bo on ani surowy, ani smażony mi nie smakuje".

Poznałeś historie czterech mężczyzn: Piotra, Andrzeja, Grzegorza, Macieja i moją. Wszyscy, chociaż różnymi drogami, czasami jak żeglarze korygując kurs, osiągnęli ten sam cel, jakim jest poznanie siebie – nie tyle kreowanie swojego wizerunku, co odkrycie swojej tożsamości. Wiedza o sobie, o tym, kim jestem, jest ważna dla mężczyzny, który ma pełnić rolę ojca. Powyższe opowieści ukazują też różnie dziś przebiegający proces przechodzenia ze świata chłopców do świata ojców jako ludzi zdolnych do walki. We współczesnym postmodernistycznym i sfeminizowanym świecie młodzi chłopcy często szukają „klucza do męskiego świata". Pamiętam, jak w Białymstoku ciekawą obserwacją podzielił się uczestnik Ojcowskiego Klubu, trener judo. Okazuje się, że potrafi rozpoznać, którzy z jego uczniów wzrastają w domu bez ojca. Przykład. Dobrze umięśniony chłopak odmawia walki podczas sparingu. Wywiązał się dialog trenera z podopiecznym. „Dlaczego nie chcesz walczyć?" „Mam gorszy dzień" odpowiada w kobiecym stylu chłopak. „Przyjdź na kolejny trening z tatą, chcę z nim porozmawiać." „Ale ja nie mieszkam z tatą."

Dawniej społeczność starszych ojców przygotowywała młodych mężczyzn do pełnienia ich ról przez system inicjacji. Dla społeczności Indian symbolizowała to „wyprawa po wizję", dla naszych praojców Słowian z czasów Piasta „obrzęd postrzyżyn". Później, odwołując się do etosu rycerskiego, o swojej tożsamości hetman Czarniecki powie: „jam nie z soli ani z roli, ale z tego co mnie boli". Mocne hetmańskie słowa niosą uniwersalną prawdę o istocie męskiej duszy, którą jest bojowanie, konieczność zmagania się z bólem. „Każdy ma swoje Westerplatte" – przypomni Jan Paweł II. Prawdę tę ponownie odkrywają Kolumbowie naszego pokolenia.

Nierzadko do Tato.Net przychodzą mężczyźni z prośbą o porady z serii jak ułożyć sobie lepiej stosunki w rodzinie? Chcą gotowych szablonów postępowania z dziećmi. Jednak odkrywają, że metoda Tato.Net nie działa na wzór poradni rodzinnej lub gabinetu terapeuty. Trening Tato.Net dostarcza narzędzi, które pomagają uczestnikowi odkryć pełniej świadomość siebie jako mężczyzny i ojca. Ma rację Richard Rohr, pisząc: „Jesteśmy w stanie zaprowadzić swoich synów i córki tylko tam, gdzie sami wcześnie doszliśmy".

Wbrew pozorom odpowiedź na pytanie „kim jestem", pytanie o wewnętrzne zasoby, nie jest łatwe dla współczesnego taty. Trenerzy Tato.Net obserwują to zmaganie wewnętrzne podczas ćwiczeń polegających na opracowywaniu „indywidualnego profilu ojcostwa". Uczestnicy otrzymują zadanie sprawdzenia swoich ojcowskich zasobów, opracowania swoistej mapy serca ojca. Mają określić punkt, w którym się obecnie znajdują, a następnie, gdzie i jak chcą postawić na swoje ojcostwo. Prawdą jest, że niejednokrotnie ćwiczenie to jest ich pierwszą okazją do spojrzenia w siebie, zmierzenia się z poczuciem braku pewności siebie lub z lękiem asekuracyjnego zaniżania swojej wartości jako taty, by łatwiej było znosić ewentualną krytykę. Panowie przychodzą do Tato.Net, bo pragną odkryć swoją tożsamość, potwierdzić, w pewnym sensie w elitarnej męskiej grupie, swoją wartość oraz zdobyć wizję i motywację do działania. Dla wielu z nich temat własnej tożsamości stał się swoistym odkryciem Archimedesowym – „dajcie mi punkt oparcia, a poruszę Ziemię" – zastosowanym do świata rodzinnego.

OJCOSTWO

KAPITAŁ ZAŁOŻYCIELSKI

VINTAGE VESSELS
TATO.NET
SHIPBUILDERS

Odkrycie drugie:

Kapitał założycielski

> *Wielu ludzi nigdy nie patrzyło swojemu ojcu prosto w oczy.*
> John Steinbeck

Mężczyźni, którzy decydują się brać udział w spotkaniach Tato.Net, najczęściej robią to, gdyż pragną być lepszymi ojcami. Często są nieco zaskoczeni lub wręcz poirytowani, gdy na zajęciach trener kieruje uwagę w stronę ich własnego ojca. Brak właściwie funkcjonującej relacji z własnym ojcem według badań Instytutu Gallupa dotyczy 80% Amerykanów. Z kolei w Polsce tylko 3% badanych wybrało ojca jako osobę, do której zwrócą się w kryzysie (ogólnopolski sondaż telefoniczny został przeprowadzony przez IQS and QUANT Group w listopadzie 2007 na próbie reprezentatywnej – 5500 osób dorosłych).

Fakt zniszczenia lub nadwyrężenia międzypokoleniowych mostów między ojcem a synem często potwierdzają również trenerzy Tato.Net, którzy rozmawiają z tysiącami młodych rodziców. Jeden z nich na pytanie, jak wyglądają jego stosunki z ojcem, odpowiedział z pewną dozą satysfakcji: „Już w porządku". Na prośbę trenera, by w kilku słowach opisał ów ład, wyjaśnił: „Umówiliśmy się z moim ojcem, że on nie będzie mi więcej wchodził w drogę, a ja jemu". Inny młody tato na pytanie: „Co najprzyjemniejszego zrobił dla ciebie twój ojciec?", odpowiedział z iskrą nienawiści w oczach, że odszedł, kończąc tym gehennę mamy i jego. Próba pogrzebania żywcem ojca lub wykluczenia go ze swego życia, chociaż nieraz zrozumiała, może być formą koniecznego rozejmu, ale nie trwałego pokoju.

Mężczyźni, którzy postawili na ojcostwo, w swojej wędrówce natrafią wcześniej lub później na punkt, który stare niemieckie porzekadło określa „da liegt der Hund begraben" (tu leży pies pogrzebany). Tym punktem, sednem sprawy jest stosunek do swoich korzeni, który wyraża się w postawie wobec przodków, a szczególnie własnego ojca. Jeżeli prawdą jest, jak mówi Józef Augustyn SJ, że nie można być lepszym tatą, nie starając się być dobrym synem, to warto zapytać Kolumbów naszego pokolenia, jak mierzą się z tym problemem.

Andrzej Lazurko

Moje ojcostwo stało się bardziej uporządkowane i świadome po pierwszych warsztatach Tato.Net. Niezwykle ważne okazało się uporządkowanie mojej relacji z własnym ojcem, odkrycie jej na nowo. Te warsztaty pozwoliły mi – teraz, po latach, gdy mój tato już nie żyje – znacznie bardziej go zrozumieć, docenić i dostrzec, jak wielki wpływ wywarł i nadal wywiera na moje ojcostwo i moje postawy poprzez to, co mi przekazał i czego chciał mnie nauczyć. Zobaczyłem w tym wielką wartość oraz że to działa i sprawdza się w moich relacjach z własnymi dziećmi (mam trzech synów).

Przekonałem się, że słowa ojca mają wielką wagę i są inaczej przyjmowane przez dzieci niż te przekazywane przez mamę. Wielkie znaczenie dla całego życia dziecka może mieć jedno słowo lub jedno zdanie. Czasem jest ono dostrzeżone po wielu latach, ale nie ulega wątpliwości, że jest ważne, zostaje i ma wielki wpływ na postawy, decyzje i wybory naszych dzieci podczas ich wchodzenia w dorosłość. Miałem wcześniej z moim najstarszym synem bardzo trudne sytuacje, ogromnie trudne rozmowy, gdy miałem wrażenie, że mnie nienawidzi i kompletnie mnie nie słucha. Widziałem, że bardzo cierpi, nie zgadza się z moim zdaniem i decyzją. A jednak po kilku latach zrozumiał to w pewnych sytuacjach, które go spotkały. Spontanicznie sam przyznał mi rację, a nawet podziękował.

Adrian, syn Józefa

Adrian Bukovinski urodził się we Lwowie, teraz mieszka w Kijowie. Jest mężem Marii. Mają dwoje dzieci: Natalię i Andriuszę. Adrian to człowiek niezwykle oddany swojej rodzinie, bardzo zaangażowany na Ukrainie w sprawę promocji rodzin. Odkąd w 2006 roku zetknął się z inicjatywą Tato.Net, mocno włączył się w jej prace. Na szczeblu regionalnym i krajowym promuje politykę prorodzinną. Gdy pytam o ideał ojca, prowadząc warsztaty na Ukrainie, zawsze słyszę jego nazwisko.

Mówienie o moim ojcu, o naszych relacjach do tej pory sprawia mi ogromną trudność. Wprawdzie nigdy nie było jakichś krytycznych chwil, patologicznych sytuacji czy czegoś podobnego, jednak też nigdy nie było między nami żywych, dobrych stosunków. W 16 roku życia odszedłem z rodzinnego domu. Poszedłem na studia. Uważałem, że jestem na tyle dorosły, że powinienem już sam o siebie zadbać. Nie czułem potrzeby wracania do domu rodziców.

Nie było w domu jakiejś podbramkowej sytuacji, ale nie było tak, jakbym chciał. Między mną i ojcem nie było w ogóle nici porozumienia, choć teraz widzę, że tato na swój sposób się starał. Nasza komunikacja, a raczej jej brak, stwarzała ogromny kłopot dla mnie i dla niego. On mnie nie rozumiał, chyba nie umiał. Przez długi czas w życiu nie wiedziałem, że w rodzinie możemy i powinniśmy się odnosić do siebie w sposób otwarty, szczery, pełen miłości, w poczuciu bezpieczeństwa. Nie wiedziałem, jak to możliwe, jak się to robi.

Na warsztatach Tato.Net w Petersburgu przeżyłem pewien szok. Tłumaczyłem na rosyjski na żywo zajęcia o pojednaniu z ojcem i nagle nie mogłem wykrztusić ani słowa. Ogarnęło mnie wzruszenie, musiałem poprosić o chwilę przerwy. Wiedziałem już, po co przyjechałem do Petersburga. Usłyszałem od innych mężczyzn o różnych relacjach z ich ojcami i o tym, że te relacje można uleczyć. Wtedy dotarło do mnie, że muszę pojechać do taty i z nim porozmawiać, podzielić się z nim moimi uczuciami. To ja muszę zrobić ten krok w jego kierunku, bo już rozumiem, że trzeba to zrobić i że ktoś musi to zrobić. I tym kimś muszę być ja. Po prostu z życzliwością, otwarcie porozmawiać. Od razu po warsztatach wsiadłem w samochód i ruszyłem w drogę do Lwowa. Musiałem zobaczyć się z ojcem. Gdy byłem w drodze, zadzwonił brat i powiedział, że tato jest sparaliżowany, miał wylew. Pojechałem prosto do szpitala. Siedziałem przy łóżku taty i mówiłem mu to wszystko, co czułem, co chciałem mu powiedzieć, o czym myślałem. Tato był w takim stanie po wylewie, że nie mógł mówić ani pisać. Ale ręką dał mi znać, zareagował na moje słowa, przyjął je, przyjął mnie. Serce biło mu mocniej. Myślę, że właśnie w tym momencie nasze stosunki się uregulowały. Odczułem wewnętrznie głęboki spokój. Mam nadzieję, że to samo odczuł mój ojciec. Pół roku później umarł.

Jadąc z Petersburga do Lwowa, do ojca, chciałem być lepszym synem. A stając się lepszym synem, stałem się lepszym ojcem. Brakowało mi zawsze instrumentów do porozumienia z dziećmi, zwłaszcza bałem się o to, że moje relacje z synem będą ubogie. Pojednanie z ojcem, opowiedzenie mu o swoich uczuciach, przebaczenie bardzo mnie zbudowały jako ojca. Narodziłem się na nowo, otworzyłem się na relacje.

Marcin, syn Jana

Marcin Kręcicki jest niesamowicie skromnym i niezwykle pogodnym człowiekiem. Ma troje dzieci: Wiktorię, Weronikę i Bartka. Werka ma cukrzycę, co wcale nie niszczy optymizmu jej ojca. Marcin dla utrzymania rodziny założył firmę i jest aktywnym przedsiębiorcą. To także uczestnik i współorganizator warsztatów Tato.Net. Jego postawa maksymalnego uporu w odbudowywaniu relacji z ojcem jest dla wielu wspaniałym i umacniającym przykładem. Dzięki niemu niejeden uczestnik warsztatów może pochwalić się uleczeniem stosunków z własnym ojcem.

Żona przez przypadek znalazła stronę Tato.Net i sprytnie mi ją podsunęła. Najpierw sceptycznie podchodziłem do tej inicjatywy. Chyba nie byłem jeszcze w wielkiej potrzebie, nie czułem konieczności uczestniczenia w czymś takim. Myślałem, że wszystko wiem, że wszystko jest super i fajnie. Dopiero po jakimś czasie pomyślałem, że podejmę to wyzwanie. W końcu ja lubię wyzwania. Te warsztaty odcisnęły we mnie ślad. Odmieniły mnie jako faceta, jako ojca i jako syna. Na warsztatach zostałem na noclegi przyjęty przez miejscową rodzinę, której ojciec był już mocno zaangażowany w działalność Tato.Net. Przykład tego człowieka też był dla mnie znaczący. Zobaczyłem, że można być ojcem inaczej, niż myślałem o tym do tej pory.

W moim ojcu nie miałem wzoru. I właśnie ta część mojej historii została na warsztatach mocno dotknięta. Kiedy wróciłem do domu, przez dwa dni płakałem. Ja, zahartowany harcerz, doświadczony przedsiębiorca nie mogłem się pozbierać. Jak na dorosłego mężczyznę było to doświadczenie dość niezwykłe, niecodzienne, wręcz dotąd nieznane.

Wspomnienia o ojcu są trudne. Odkąd pamiętam, nadużywał alkoholu. Nigdy go nie było dla nas. Wprawdzie był obecny fizycznie, ale nie był naszym wsparciem. Nie mogliśmy na niego liczyć, nie mogliśmy na nim polegać. Gdy był pijany, często mówił, że mnie kocha, żałował za to całe zło, za picie. Ale będąc trzeźwym, był daleko od nas, nie okazywał emocji, zainteresowania. Do dziś trudno mi to wszystko ponazywać, zrozumieć, ogarnąć. Wszystko zawdzięczamy mamie. Jednak wciąż ogromnie brakuje mi przykładu właściwych zachowań mężczyzny, ojca. Teraz ja, jako ojciec i mężczyzna, mam często trudność w podejmowaniu decyzji, bo sam nie miałem w dzieciństwie i młodości wzoru. Nie miałem właściwie skąd uczyć się bycia mężczyzną. Stąd cieszę się, że wstąpiłem do harcerstwa. Pomogło mi ono w staniu się samodzielnym, pokazało, jak podejmować decyzje, nie bać się działania, brać odpowiedzialność. Są jednak sytuacje, gdy po prostu chciałbym pójść do taty i się go poradzić. Brakuje mi tej relacji z nim – starszym, doświadczonym, mądrzejszym. Dawno przebaczyłem ojcu, ale mimo wszystko jest mi szkoda tych zmarnowanych lat, przeżytych z dala od siebie, obok. Żal mi braku wzoru, braku oparcia w nim. Muszę szukać kogoś ze znajomych czy samemu szukać rozwiązań, podczas gdy bardzo chciałbym móc iść do swego ojca i w nim mieć oparcie, słuchać jego rad.

W sytuacji braku relacji z tatą było mi emocjonalnie ogromnie ciężko. Chcąc normalnie funkcjonować, musiałem zbudować pewien mur. Do ojca czułem swoistą obojętność. Nie mogłem na niego liczyć, nie miałem w nim oparcia, nie czułem się bezpiecznie. I właśnie na warsztatach Tato.Net coś w tym murze pękło, ta budowla zaczęła się chwiać. W sercu poczułem ból i żal. Zapragnąłem uzdrowienia relacji z ojcem. Nigdy nie było i nadal nie jest to łatwe. Dotąd z jego strony nie ma odzewu na moje częste wyciąganie w jego kierunku ręki. Nie mam jednak do niego o to pretensji. Jest już starym człowiekiem, zmęczonym. Ja mu przebaczyłem i wciąż wyciągam do niego rękę. Z tego wszystkiego i tak najważniejsze jest dla mnie to, że mocniej rozumiem, co powinienem dawać swoim dzieciom, jakim ojcem być dla nich.

Ostatnio starałem się przybliżyć do ojca. W zasadzie to zawsze dążyłem do tego, by nawiązać z nim relację. I zawsze było to trudne. Teraz może nie tyle sam alkohol jakoś odpycha od niego ludzi, co jego taka smutna starość, jakaś niechęć do wszystkiego, ale też po prostu zapominanie, kłopoty starości, życie gdzieś tam w sobie, nadal z dala od nas. Tato nie ma relacji nawet z wnukami, choć wiele razy dawałem mu możliwość bycia razem. On chyba nie czuje takiej potrzeby, by z nami być. Chciałbym, żeby relacje, których nie było w dzieciństwie, teraz się wytworzyły. Chciałbym, aby tato poczuł, zrozumiał, że jest nam potrzebny, że nadal może być ojcem, dziadkiem, żeby miał satysfakcję z bycia ojcem.

W tym roku zorganizowałem rodzicom rocznicę ślubu. Oczywiście, od początku towarzyszyło temu mnóstwo przeszkód. Moja mama bardzo nie chciała tego wszystkiego przeżywać, bo to dla niej ogromnie trudne, w końcu nie miała wiele radości w życiu małżeńskim. Zresztą, nikt w rodzinie się nie zachwycał tym pomysłem. Dobrze, że moja żona mocno mnie wspierała, bo nie miałbym chyba sił walczyć o tę uroczystość. Dopiero potem, już bliżej daty rocznicy mocno odczuwałem, że muszę to zrobić, że to konieczne, ważne. Rocznica udała nam się wspaniale. Pomógł proboszcz, który na kazaniu i na ogłoszeniach po Mszy mocno dowartościował mamę. Dzięki jego staraniom był nawet list od biskupa. Myślę, że było to ważne dla nas wszystkich. Mama była mocno wzruszona, szczęśliwa. Ojciec zaś mógł publicznie usłyszeć, jak wspaniałą ma żonę, jak wielu ludziom ona pomaga. Może dzięki temu dowartościuje jej obraz w swoim wyobrażeniu. Uroczystość miała miejsce na początku sierpnia, a dwa tygodnie później tato dostał zawału. Czekając na pogotowie, złapałem go za rękę, żeby czuł moją bliskość, żeby czuł się bezpiecznie. Potem popłakałem się, bo się bałem o niego.
W sumie niewiele otrzymałem od ojca, ale w momencie krytycznym przestraszyłem się, że umrze i już go nie ujrzę.

Teraz sam bardzo się staram dać dzieciom to wszystko, czego mi brakowało. Chcę, by miały we mnie oparcie i wiedziały, że zawsze będą mogły na mnie liczyć. Efekty takiego postępowania już widzę. Niedawno miałem intensywny czas w pracy. Postanowiliśmy, że żona z dziećmi pojadą do dziadków. Gdy przyjechałem po kilku dniach do nich, a było wtedy większe rodzinne spotkanie, dzieci rzuciły wszystko, z miejsca przybiegły do mnie i wtuliły się bardzo mocno. Wzruszyłem się i byłem szczęśliwy. Widziałem też zazdrosne spojrzenia szwagrów. Miałem ogromną radość z tego, że mam z dziećmi tak czułe relacje. Czułem satysfakcję jako ojciec, mężczyzna, który ma być oparciem dla swej rodziny.

Michał, syn Henryka

Michał Kossakowski jest absolwentem politologii na UKSW w Warszawie oraz studium podyplomowego na SGH z obszaru analizy biznesowej i IT. Pracuje przy projektach informatycznych, które są realizowane na rzecz administracji publicznej. Włączył się w Tato.Net w 2010, biorąc udział w warsztatach i Forum „Ojcostwo i Kariera". Tata Franciszka oraz Ignacego. W tzw. międzyczasie lubi biegać za piłką, zwłaszcza siatkową.

Potrzebuję nauczyć moich synów miłosierdzia. Mężczyzna, który przeklina swojego ojca, przeklina własną męskość. Mężczyźni ze zniszczoną więzią z ojcem zostaną uzdrowieni na tyle, na ile potrafią opisać poczucie straty i bólu.

Jestem najmłodszym dzieckiem i synem swojego ojca i mojej mamy. Jakbym miał scharakteryzować moje relacje z tatą, to były to relacje bez relacji. Może inaczej, pamiętam ojca jako ojca, który dawał mi poczucie bezpieczeństwa do 6-7 roku życia. Do tego czasu chętnie wszędzie ze sobą mnie zabierał. Często jeździłem z nim końmi orać pole. Nie pamiętam, żeby coś tłumaczył, tylko sadzał na skraju pola i kazał obserwować. Wtedy czułem się bezpieczny. Kiedy podrosłem i potrzebowałem go bardziej, przestał się mną interesować. Już nie zabierał na pole. Nie mogłem mu nic powiedzieć, gdyż zwyczajnie się go bałem. Nie szanował swoich najbliższych z mamą włącznie. Postanowiłem, że w takim razie ojciec nie ma co liczyć na mój szacunek.

Po latach zrozumiałem, że oszukuję samego siebie, twierdząc, że relacje z ojcem nie są mi do niczego potrzebne a już najmniej do wychowywania swoich dzieci. Dodatkowym potwierdzeniem mojego nieprawidłowego myślenia były warsztaty Tato.Net „7 sekretów efektywnego ojcostwa" i książka Canfielda „Serce ojca", w której autor jednoznacznie oznajmia, że główny wpływ na serce ojca ma jego ojciec. Ponieważ kocham swoich synów, chcę brać w pełni świadomie udział w tym maratonie jakim jest ojcostwo. Dlatego rozpocząłem proces uzdrawiania relacji z własnym tatą. Pojednanie z tatą to drugi z trzech kroków kształtowania swojego ojcowskiego serca.

Dlaczego chcę naprawić błędy z moim tatą? Ponieważ chcę poradzić sobie ze skutkami niedomagań swoich rodziców (w tym przypadku mojego ojca) i iść do przodu. Chcę przestać żyć przeszłością i już nie używać jej do usprawiedliwiania swoich wad i słabości. Aby to osiągnąć, muszę – ale i chcę – najpierw uzdrowić relację z moim tatą, a następnie z nadzieją spojrzeć w przyszłość. Nie chcę, aby moja przeszłość dyktowała warunki mojej przyszłości. Jeśli uświadomię sobie, że wszyscy mamy tego samego Ojca w niebie i że właśnie ten

Ojciec uleczy moje rany, to nie jest to już tak istotne, czy miałem dobrego czy złego ojca, bliskiego i wspierającego czy dalekiego i obojętnego.

Przez lata unikałem ojca, próbując tłumaczyć sobie, że już nie jest mi do niczego potrzebny. Dziś mój ojciec jest już niedołężnym starym człowiekiem. Świadomość, którą zyskałem dzięki Tato.Net popchnęła mnie do zmiany postawy i podjęcia działania. Mój TatoPlan jest prosty – przyjeżdżam do mojego rodzinnego domu, w ramach odbudowywania naszych relacji golę tatę i wówczas opowiadam mu o swoim życiu, pracy i jego wnukach. To jest mój sposób na okazanie jeszcze niewypowiedzianego „Kocham cię, Tato".

Jacek, syn Sławomira

Jacek Orzeł jest mężem, ojcem trojga dzieci – Kingi, Maksa i Klary. Urodził się, studiował, mieszka i pracuje w Lublinie. Zawodowo jest prezesem sukcesorem założonej przez ojca firmy „ORZEŁ". Jacek pokazuje nam piękną, wręcz modelową i żywą relację z tatą. Nie jest ona wolna od spięć, ale z pewnością opiera się na szacunku i wzajemnym zaufaniu. Relacja Jacka z ojcem Sławomirem ukazuje, że między niezależnością a zależnością jest świat współzależności. Kategoria szacunku jasno to oddaje. Nie lekceważenie rodzica, ale i nie ślepe posłuszeństwo, lecz szacunek idący w parze z wolnością.

Jeśli miałbym określić ojcostwo jednym słowem, to jest to u mnie słowo „być". Być ojcem, być z dziećmi, być przy nich.

Nie zawsze może być najwspanialszym, najmądrzejszym, ale być. Moim celem jest, by dzieci czuły się szczęśliwe.

Jestem przedsiębiorcą. Z zawodu, hobby i wykształcenia ekonomistą. Sam się zatrudniam i daję pracę innym. Od zawsze wiedziałem, że trzeba się doskonalić w tym, co się robi. Z definicji zatem szkoliłem się pilnie w kompetencjach zawodowych. Ale nie od razu dotarło do mnie, że doskonalenie dotyczy wszystkich dziedzin mojego życia, także bycia mężem i ojcem. Na jakichś rekolekcjach usłyszałem o Tato.Net i postanowiłem skorzystać z tej propozycji. Pojechałem i zaskoczyło mnie, że narzędzia używane choćby podczas szkoleń menadżerów tu zostały wykorzystane dla swoistego szkolenia w ojcostwie. Zrozumiałem, że ojcostwo wymaga, tak jak wszystkie dziedziny, w których chce się być dobrym, ciągłego wysiłku, doskonalenia. W końcu zgłosiłem się do Tato.Net i jestem do dyspozycji tej inicjatywy.

Wzorem i przewodnikiem w ojcostwie jest dla mnie mój tato. Moja ocena jego osoby jest z pewnością bardzo subiektywna, ale z pewnością każdemu rzuca się w oczy jego pracowitość. Tato zawsze ciężko pracował. I pewnie dlatego, gdy byłem dzieckiem, on był ojcem trochę nieświadomie. Rodzice byli przedsiębiorcami, ciągle zajętymi, zapracowanymi. Stąd ojca pamiętałem jako kogoś, kto jest w ciągłej podróży. Był też przez pewien czas rzemieślnikiem i z tego okresu pamiętam go fizycznie zapracowanego, spoconego, zmęczonego. Pamiętam wybuchy złości u mego ojca. On jest generalnie bardzo spokojny, ale jak już się wkurzył, to na całego. Umiałem dostrzec, że z rodzeństwem dochodzimy do granicy jego nerwów. I rozumiem jego zdenerwowanie. Ojcostwo to nie jest sprawa idealnego człowieka, modelu bez skazy. Dziecko musi poznać prawdziwe życie, reakcje ludzi. Poznawać granice, budować relacje. I tego uczy się też czasem na reakcjach zdenerwowanego rodzica.

Obecnie tato pełni rolę przewodniczącego rady nadzorczej, natomiast operacyjnym zarządzaniem na bieżąco zajmuję się ja. Tato przekazał mi pałeczkę. W domu było nas troje. Ja jestem najstarszy. Brat jest młodszy ode mnie o trzy lata, siostra o pięć. Swoją przyszłość związali z innymi fachami, w firmie ojca zostałem ja.

Jako najstarszemu w rodzeństwie (często stanowiło to przewagę), pozwalano mi nieraz bawić się przy ojcu w pracy. Swego czasu tato produkował ławki do parku. Podczas warsztatów Tato.Net skojarzyłem, że z tymi ławkami związane jest moje najmilsze wspomnienie z dzieciństwa. Tato przy tej produkcji jeździł Żukiem po deski do stolarza. Deski składał na pace. Potem na pakę siadałem ja i przekładałem te deski, będąc przekonanym, że poprawiam je równie starannie jak mój ojciec. Utrudniało mu to strasznie pracę, ale on mi na to pozwalał. Na dodatek pozwalał mi przyklejać naklejki na spód gotowych ławek. Gdy ja zakleiłem jedną, on zdążył przykleić dziesięć i jeszcze musiał sprawdzać, czy ja starannie umieściłem swoją. A był w tym wszystkim cierpliwy. Pozwalał mi pracować i nie krytykował, pozwalał mi się uczyć pracy. Gdy teraz o tym rozmawiamy, twierdzi, że nie widział tego, jakie to było dla mnie ważne. Robił to spontanicznie, raczej nieświadomie. Po prostu to było naturalne, że spędzaliśmy razem czas.

Potem, gdy już byłem trochę większy, mogłem ojcu pomagać na stacji gazu, którą prowadził. Było to dla mnie wspaniałe doświadczenie. Mogłem być przy tacie, towarzyszyć mu w jego męskich obowiązkach. A okazało się niedawno, że dla mego brata było to przeżycie bardzo bolesne, bo on musiał zostać w domu, podczas gdy ja byłem z ojcem. Gdy ukończyłem 16 lat, mogłem już sam przebywać na stacji. Tato pracował tam przez 12 godzin, ale na pół godziny szedł na obiad, a w tym czasie ja tankowałem za niego auta. Uczyło mnie to odpowiedzialności, pracy. Dzięki takiemu podejściu ojca do mnie szybko złapałem ekonomicznego bakcyla. Miałem różne pomysły na biznes, czasem bardzo naiwne i śmieszne, ale tato traktował mnie tu bardzo poważnie i pozwalał na próbowanie swych sił.

Dzięki takiej postawie mego ojca dość łatwo i szybko zostałem ekonomistą. I tak pieniądze, które dostałem w prezencie z okazji Pierwszej Komunii Świętej, postanowiłem jako 12-latek zainwestować w kupno akcji. Poprosiłem ojca, by uczynił to w moim imieniu, bo ja byłem jeszcze za młody. On kupował, ja zarządzałem. Utrudniałem mu tylko życie. Musiał raz na dwa tygodnie jechać ze mną do biura maklerskiego.

Z kolegą w podstawówce wymyśliliśmy, że zrobimy myjnię dla ciężarówek, które z gazem przyjeżdżały do ojca na stację. Poprosiłem tatę o pozwolenie, wzięliśmy szczotki, wiadra i czekaliśmy na pierwszego klienta. Ale gdy przyjechała ta pierwsza ciężarówka, stanęliśmy z kolegą bezradni, przytłoczeni jej wielkością. Wiedzieliśmy, że jesteśmy za mali, by dać sobie radę. Innym razem, już jako nastolatek, wymyśliłem, że będę jeździł na festyny, imprezy plenerowe i sprzedawał balony. Dogadałem się z jedną hurtownią, by móc oddawać z powrotem balony, których nie uda mi się sprzedać. Rodzice znów mieli z tego powodu mnóstwo pracy, ponieważ nie miałem jeszcze prawa jazdy i to oni wszędzie mnie dowozili.

Inny rewelacyjny pomysł gospodarczy pojawił się w szkole średniej. Z kolegą założyliśmy spółkę, która z okazji Wszystkich Świętych miała przez internet sprzedawać wieńce i kwiaty. Nie mieliśmy swego telefonu, więc mama kolegi, emerytka, została naszą sekretarką, a my podaliśmy na stronie internetowej jej numer telefonu. Zabiegi nie okazały się bezowocne. Do firmy wpłynęły dwa pierwsze (i jedyne) zamówienia. W wyniku analizy wyników sprzedaży odkryliśmy, że zamówienia zostały złożone przez nasze mamy.

Słowa: „Czcij ojca i bądź mu posłuszny", nawet w dobrych relacjach z tatą nie zawsze są łatwe w realizacji. Ja miałem trudne fazy, gdy zaczynałem samodzielne życie. Ojciec powinien pomóc dziecku zacząć własne życie i mój tato to zrobił. Na dodatek pokazał mi, że szacunek i posłuszeństwo nie polegają na bezwolnym, ślepym słuchaniu jego woli. Odróżniam, dzięki rodzicom, szacunek od bezwzględnego posłuszeństwa. Moi rodzice bardzo mi ufali, pozwalali popełniać błędy, próbować, podejmować decyzje. Jak każde dziecko, z wiekiem chciałem być coraz bardziej autonomiczny. Moi rodzice w pewnym momencie stanęli z boku i dali mi możliwość samodzielności, także w ważnych życiowych wyborach. Doradztwo a prowadzenie za rękę to dwie różne sprawy. Rodzice nie wymagali bezwzględnego posłuszeństwa, ale ufali i pomagali dokonywać wyborów, by nauczyć mnie bycia odpowiedzialnym. To rodzi mój ogromny szacunek wobec nich.

Ważny był etap pewnego oderwania się od ojca. Nie był to jakiś bunt, kryzys, lecz raczej spięcie, starcie się dwóch sił. Kilka miesięcy po tym, jak tato zgodził się, bym zajął się operacyjnym zarządzaniem firmy, miało miejsce posiedzenie zarządu. I wtedy publicznie się starliśmy. Ojciec chciał zwolnić jednego pracownika. Jasno się wypowiedział, iż oczekuje tego zwolnienia. Na co ja odparłem, że to ja zarządzam firmą i to zwolnienie nie jest po mojej myśli. Potem drugi raz mieliśmy podobną sytuację wobec kwestii zwolnienia jednego z dyrektorów. Ja utrzymywałem, że to moja prawa ręka i bardzo go potrzebuję w firmie, ojciec nalegał na jego zwolnienie. Ostatecznie przyznał jednak, że w końcu to przecież ja zarządzam, to moja odpowiedzialność, zatem moja decyzja jest tu wiążąca i on się z nią zgadza.

Dla mnie bardzo istotne były spotkania z ojcem w codzienności. Wzorowałem się na nich w postępowaniu z własnymi dziećmi. Pamiętam, jak kilka dni po warsztatach Tato.Net narodził się mój syn Maks. Składałem łóżeczko dla synka. Córka koniecznie chciała mi pomóc. Sam zrobiłbym to w kilka minut, a z nią praca trwała o wiele dłużej. Mogłem jej zorganizować jakąś zabawę, włączyć bajkę, ale wiedziałem z własnego dzieciństwa, jak cenny był właśnie ten czas dziecka spędzany z rodzicem przy pracy. Mocno świadomie chcę włączać dzieci w budowanie więzi rodzinnych przy pracy, wspólnych obowiązkach, co mój tato czynił nieświadomie.

Ważne były i nadal są wspólne, męskie wyjazdy. Wypracował je mój ojciec. Najpierw wyjeżdżaliśmy we trzech: tato, brat i ja. Teraz dołączył mój szwagier, a niedługo dołączy mój syn. Któregoś razu, gdy mieliśmy we czterech wyjechać w góry, otrzymaliśmy wiadomość, że jednej rodzinie na drugim końcu Lublina spalił się dom i trzeba pomóc w rozbiórce. Zostawiliśmy nasz wyjazd, zabraliśmy rękawice i pojechaliśmy pomagać. To też wielki wpływ mego taty – umiejętność rezygnowania z przyjemności na rzecz spraw, które teraz są ważne. Tato ma piękną relację z wnukami. Wychodzi z nimi na spacery, tłumaczy świat. Jest tu świetnym przykładem i dla mnie, i dla moich dzieci, którym stara się przekazać coś mądrego. Mi też daje dobrą lekcję, bo i ja niedługo pewnie zostanę dziadkiem. Wprawdzie moja Kinia jest wciąż małą dziewczynką, ale zanim zdążę się obejrzeć, już będę z jej dziećmi wychodzić na spacery. Czas leci tak szybko. Dlatego tak istotne jest dla mnie to „być".

Historie Kolumbów to nie tylko dzieje mężczyzn świadomych swojej tożsamości, lecz także mężczyzn, którzy mają odwagę być ludźmi sumienia. Jest dla mnie czymś pasjonującym obserwować takich mężczyzn, jak Marcin lub Adrian, którzy otwarli się na głos sumienia, zaczęli iść za wskazaniami wewnętrznego kompasu, podejmując decyzje i wytyczając nowe ojcowskie cele i plany. Odkrycie przez nich wskazań wewnętrznego kompasu, czyli drogi do odbudowy więzi międzypokoleniowych, nadało zupełnie nowy kierunek nie tylko ich życiu, ale też życiu ich rodzin.

Być dorosłym – jak twierdzi Lacroix – to akceptować wady swoich rodziców. Otwarcie się na mądrość tych słów zajmuje nam nierzadko znacznie więcej niż 18 lat życia (Xavier Lacroix, Naucz mnie żyć. Esej o ojcostwie, Poznań 2007). W przypadku poznanych przed chwilą ojców oraz wielu innych włączenie się w Tato.Net oznaczało zaczerpnięcie nadziei oraz uzbrojenie się w cnotę cierpliwości i odwagi, by wejść na drogę przebaczenia swojemu tacie. Przebaczenie jest jak umorzenie długu, uwalnia z obciążenia przeszłością. Mężczyźni, którzy postawili na ojcostwo wiedzą, że ich ojcowie też byli synami kogoś – i stają się wrażliwsi na ich niedolę. Jeżeli nawet starsze pokolenie, z różnych powodów, nie zdało egzaminu z ojcostwa, to nie mam wątpliwości, obserwując rosnące zainteresowanie społecznością Tato.Net, że coraz więcej mężczyzn odkrywa w sobie pragnienie kontaktu z tym starszym. Dlaczego tak się dzieje? Wszyscy nosimy w sobie głód ojca. Jak słusznie zauważa Richard Rohr („Tożsamość mężczyzny. Pięć kroków męskiej inicjacji", Kraków 2008), jedną z najwrażliwszych sfer męskiej duszy jest jakaś wręcz rozpaczliwa potrzeba kontaktu z kimś starszym, mądrzejszym i silniejszym, który prowadzi, akceptuje, poucza, koryguje. Potrzeba kogoś, kto mi wierzy i rzuca mi wyzwania. To właśnie mężczyzna mężczyźnie przekazuje pasje i odporność. Prawdziwości tych słów doświadczyłem na własnej skórze jako dziesięciolatek. Marzyłem, by zapisać się do piłkarskiego klubu sportowego małego miasteczka nad Wartą. Potrzebna była zgoda rodziców. Ojciec mojej prośby wysłuchał z uwagą. Nie powiedział „nie", tylko przed podjęciem decyzji poprosił mnie, bym pokazał mu świadectwo ukończenia czwartej klasy. Wiłem się jak piskorz, bo moja motywacja do nauki była bardzo nikła. Łącznie z zachowaniem otrzymałem cztery oceny dobre, pozostałe były zaledwie dostateczne. Ojciec popatrzył mi w oczy, mówiąc, że zgadza się na moje zapisanie się do drużyny piłkarskiej pod jednym warunkiem, że pokażę mu świadectwo, na którym będą cztery oceny dobre, ale pozostałe bardzo dobre. Powiedział jeszcze coś bardzo istotnego: „Znam ciebie, synu, i wiem, że cię na to stać". Zawarłem wówczas z tatą pakt. Cel, który mi postawił, był ambitny, ale go osiągnąłem. Do dziś czerpię satysfakcję, wspominając ten zakład z tatą. Zachowuję to doświadczenie jako prywatny dowód niezwykłej energii, która jest ukryta w każdej relacji taty i syna. Nikt z nas nie rodzi się ojcem. Pierre Legendere mawiał: „rodzą się tylko synowie". Robiąc wszystko, co w naszej mocy, by być lepszymi synami, odkrywamy fundamenty kapitału założycielskiego naszego ojcostwa.

OJCOSTWO

MIĘDZY SCYLLĄ A CHARYBDĄ

TATO.NET
BUILT 2004 SINCE

Odkrycie trzecie:

Między Scyllą a Charybdą

*Ojciec nie jest najpierw kimś, kto daje oparcie dziecku, ale tym,
który wyzwala je z pokusy ciągłego opierania się na innych.*
F. Cascini

*Krzysztof, tata i hydraulik, instalując w biurze Tato.Net w Lublinie
elektronicznie sterowany piec CO, zostawił prostą instrukcję.
Mamy dbać, aby ciśnienie było około 1,5 atmosfery, ale nie mniejsze niż 1 atmosfera i nie większe niż 2 atmosfery, wówczas
system ogrzewania będzie działał prawidłowo. Po czym dodał
z uśmiechem, że z ojcostwem jest podobnie. Gdy dziecku zupełnie poluzujesz – zepsujesz je, gdy przyciśniesz za bardzo – zranisz.
Nawigacja na ojcostwo, jak każda nawigacja, zakłada nieustanne
czuwanie nad poprawnością kursu. Czasami ojcowska wędrówka
współczesnych Kolumbów wymaga kompetencji, którymi miał
wykazać się legendarny Odyseusz, żeglując przez cieśninę Me-
syńską. Niebezpieczeństwo groziło mu z dwóch stron. Również
w ojcostwie nieraz na pierwszy rzut oka sytuacja może wydawać
się bez wyjścia. Zadaniem taty, podobnie jak kapitana na stat-
ku, jest trzymać mocno kurs pomimo wiatrów przeciwnych. Ojciec
potrzebuje wytrwale szukać złotego środka między tym, co dla*

dziecka „za mało" a tym, co „za dużo". Zobacz, jak sztukę tę w praktyce realizują kolejni Kolumbowie naszego pokolenia.

Alik, syn Aleksego

Alik Paciora wyrósł w wielodzietnej rodzinie obciążonej alkoholizmem ojca. Sam wpadł w sidła tej choroby, co niszczyło go jako dorosłego człowieka, jako męża i ojca. Po zerwaniu z nałogiem dokonała się niezwykła, całkowita przemiana. Stał się kimś nowym, a jego przykład wpływa na wielu ludzi, zmienia jego rodzinę, wszystkie jego dzieci i rodziny, które one pozakładały, także lokalną społeczność. W Kijowie na warsztatach Tato.Net nie ma problemu z odpowiedzią na pytanie, kogo uczestniczący w nich mężczyźni uważają za wzór ojca do naśladowania. Zawsze padają dwa nazwiska: Adrian Bukovinski i Alik Paciora. Obaj stali się ojcowskimi idolami na Ukrainie.

Mieszkam w Barze na Ukrainie. Uczestniczę w Oazie Rodzin i w Krucjacie Wyzwolenia Człowieka. Z zawodu jestem masarzem. Razem z żoną Ireną mamy pięcioro dzieci. Trzech chłopców: Władyk, Janek i Tomek, i dwie dziewczyny: Julia i Swietłanka. Z najmłodszą córką byłem na spotkaniach Tato.Net. Bardzo pozytywnie z córką przeżyliśmy te warsztaty, a nasza relacja, choć była do tej pory piękna, znacznie się pogłębiła.

Na Ukrainie przez całe życie towarzyszy wszystkim alkohol. Rodzi się dziecko i trzeba podać alkohol. Człowiek umiera i wszyscy piją na jego pogrzebie. Takie komunistyczne obyczaje. Wracając z pracy, nieraz nie mogłem dojść do domu, taki byłem pijany. Ludzie przychodzili i mówili mojej żonie, żeby zabrała mnie z ulicy, bo leżę tam nieprzytomny od alkoholu. A ona, biedna, brała dzieci, by pomogły jej przynieść mnie do domu. Dzieci nie chciały iść, płakały, wstydziły się.

Dopiero na rekolekcjach Oazy Rodzin Jezus wyzwolił mnie z nałogu, a ja złożyłem przysięgę, że już do końca życia nie tknę alkoholu. Przystąpiłem do Krucjaty Wyzwolenia Człowieka, co całkowicie odmieniło życie moje i mojej rodziny.

Z rodzeństwa ja byłem najstarszy, a było nas ośmioro. Mój tato też nadużywał alkoholu. Radosnych dni z dzieciństwa nie pamiętam. Nie pamiętam, żeby było coś dobrego. Tato po alkoholu bardzo wariował. Uciekaliśmy wiele razy z domu, czasem przez okno. Mimo to matka była wierna ojcu, nie zostawiła go. Choć trudno było jej rodzić, nigdy, pomimo namów lekarzy, nie poddała się aborcji. Zmarła w szpitalu tydzień po urodzeniu ostatniego dziecka. Dała mi piękne świadectwo. Poświęcała się dla nas i za nas oddała życie. Modlę się do niej. Ona na pewno jest święta i wiem, że to ona wyprosiła dla mnie łaskę trzeźwości. Nie chcę, żeby moje dzieci powtórzyły moje błędy, jak ja powieliłem błędy ojca. Chcę, żeby moje dzieci były szczęśliwe. To daje mi siłę do trwania w abstynencji.

Kiedy wróciliśmy z rekolekcji, na których przestałem pić, napisaliśmy z żoną list do najstarszego syna (jeszcze nie mieliśmy telefonów). Wyjaśniliśmy mu, że złożyliśmy obietnicę całkowitej abstynencji do końca życia. Syn mi podziękował. Jak robiliśmy mu wesele, było bezalkoholowe. On to rozumiał i był za to wdzięczny. Pamiętam, jak na jednych rekolekcjach zadano dziewczynkom pytanie, jakiego chciałyby w przyszłości męża. Moja córka odpowiedziała, że chciałaby takiego, jak tato, ale z tego czasu, gdy już nie pije alkoholu. Kiedy piłem, niejeden człowiek mówił mi, żebym przestał. Wiedziałem, że nie powinienem pić, że to niszczy mnie i rodzinę, ale nie umiałem zerwać z nałogiem. A gdy jeszcze ktoś mi o tym mówił, strasznie mnie to dręczyło, denerwowało. I nic, dalej piłem. Gdy wracałem do domu, dzieci piszczały ze strachu, chowały się przede mną, bały się mnie. Jak rzuciłem alkohol, dzieci nadal piszczały na mój widok, ale już z radości, ciesząc się moim powrotem do domu.

W Barze prowadzę akcję propagującą Krucjatę Wyzwolenia Człowieka. Mamy tu już kilkudziesięciu członków. Zmieniamy mentalność, zmieniamy życie ludzi, ich rodzin. Teraz moje dzieci są ze mnie dumne. Stałem się dla nich przykładem, nie muszą się już mnie wstydzić, bać. Jesteśmy wolni i ku tej wolności wychowujemy. Moje dzieci też są pewne, że nie chcą mieć kontaktu z alkoholem. Tak prowadzą swoje życie i swoje rodziny, które pozakładały.

Staramy się z żoną, by dzieci miały kontakt ze sobą, by wzrastały we wzajemnej miłości. Co niedzielę spotykamy się u kogoś z nas i ustalamy, u kogo widzimy się za tydzień. Czy u nas, czy u któregoś syna czy córki. Najpierw razem modlimy się, potem razem robimy szaszłyki (skrawków mięsa nie brakuje u masarza), śpiewamy, także, a może przede wszystkim, pieśni religijne. Po prostu razem radośnie spędzamy czas, umacniamy nasze rodzinne więzi. To mocno oddziałuje też na nasze codzienne życie, bo w razie kłopotów jednego członka rodziny wszyscy są gotowi mu pomóc. Poza tym pomagamy sobie wzajemnie w naszych pracach. Na przykład w tamtym tygodniu wszyscy przyszli do nas kopać ziemniaki. Bez ociągania, bez fochów. I zabawa, i praca idą nam radośnie.

Gdy dzieci były mniejsze, żona nieraz prosiła, bym zainterweniował w jakimś ich konflikcie lub nakłonił dzieci do wypełnienia obowiązków. Zauważyłem, że podejście moje różniło się od żony. I dzieci różnie reagowały na nasze prośby. Ja starałem się raz powiedzieć, co miałem do powiedzenia i nie powtarzać. Mówiłem i odchodziłem. I to działało. Żona zaś lubiła dużo się nagadać, tłumaczyć. A przecież dzieci potrafią zareagować na jedno wezwanie rodzica, gdy wiedzą, że poświęcam im uwagę i gdy znają zasady.

Dziękuję Bogu za wszystkie moje dzieci. Wszystkie są wspaniałe. Dzieci to super sprawa! Ale trzeba mieć dla nich czas. Teraz przychodzą do mnie wnuki i proszą o śpiewanie. Mimo zmęczenia po pracy nie żałuję im nigdy czasu i sił. Bo warto.

Marzę o tym, by moi synowie i zięciowie też wzięli udział w warsztatach Tato.Net.

Grzegorz, syn Stanisława

Grzegorz Pawelec z Podlasia (Sokołów) w lutym 2006 roku przyjechał na warsztaty do Suraża. Był wtedy ojcem dwóch synów. Odkrył, że na dziesięć pytań szczegółowych wiedzy o swoim dziecku potrafi odpowiedzieć na dwa. Był poruszony stanem swojej ignorancji i nieświadomością świata swoich dzieci. Zrobił sobie TatoPlan i zabrał się do ojcowskiej pracy.

Gdy w marcu 2010 roku ponownie prowadziłem warsztaty na Podlasiu, zadałem uczestnikom kilka standardowych pytań, między innymi: Kto cię najbardziej przygotował do roli bycia ojcem? Kogo podziwiasz za sposób zaangażowania się w rolę ojca? Zazwyczaj ojcowie mają kłopot z odpowiedzią. Niektórzy wspominają o Janie Pawle II lub o własnej żonie, matce. Tym razem jeden z uczestników śmiało wskazał na swojego sąsiada, ojca czterech synów. Ów sąsiad też był wówczas na szkoleniu, a okazał się nim właśnie Grzegorz, który konsekwentnie wdrażał plany i realizował cele postawione sobie na poprzednich warsztatach cztery lata wcześniej. Tym razem, wypełniając test o znajomości dziecka, z satysfakcją stwierdził, że zna zainteresowania i pasje dzieci, ma zadowalające rozeznanie w świecie swoich synów oraz realizuje z nimi wspólne hobby.

Ojcostwa cały czas się uczę. Pierwszy raz byłem na warsztatach Tato.Net w 2006 roku. Z żoną stwierdziliśmy, że dobrze by było, żebym w nich uczestniczył. Uważam, że cały czas jako ojciec muszę się uczyć, nie wiem przecież wszystkiego. Chciałem poznać lepiej siebie i oczekiwania dzieci wobec mnie jako ich taty. Mam tylko siostrę, więc mój tato nie bardzo miał na kim ćwiczyć się w ojcostwie. A ja nie bardzo miałem skąd czerpać wzory.

Na pierwszych warsztatach z dziesięciu pytań na temat wiedzy o swoim siedmioletnim synu umiałem odpowiedzieć tylko na dwa. To mi uświadomiło, jak marny jest mój kontakt z dziećmi. Przewartościowałem wtedy swoje myślenie i priorytety, zmieniłem zachowanie, ilość i jakość poświęcanego rodzinie czasu. Od tej pory to raczej ja wychodziłem dzieciom naprzeciw, nie czekałem na ich błaganie o zwrócenie na nich mojej uwagi. Zacząłem naprawdę uczestniczyć w życiu chłopaków. Oczywiście, nie chodzi mi o to, by wszystko wiedzieć, ingerować. Dzieci nie mogą się czuć osaczone. Subtelnie staram się widzieć, w którym kierunku zmierzają. Czasem pozwalam im się poparzyć, żeby same doszły do tego, że jednak miałem rację. W ten sposób rozumieją, iż moje rodzicielskie gadanie ma na celu ich dobro.

W 2010 roku byłem na warsztatach drugi raz, żeby sprawdzić, czy udało mi się wprowadzić w życie to, co odkryłem podczas pierwszych warsztatów. No i było zdecydowanie lepiej.

Priorytetem dla mnie jest Bóg. I stąd wypływa moja potrzeba bycia autentycznym, szacunek wobec rodziców, wobec żony. To staram się przekazać synom. Dopiero potem gdzieś jest praca. Ona nie jest celem, tylko środkiem. Jestem zootechnikiem, pracuję w zakładach mięsnych. Zawsze chciałem założyć własną działalność gospodarczą, ale biorąc pod uwagę to, ile czasu poświęcić muszę dla swoich synów, nie zdecydowałem się na taki rodzaj pracy. Obecna praca nie daje mi takiej satysfakcji finansowej jakiej bym chciał, ale pozwala mi być z chłopakami. Tak jak jest teraz finansowo, nie jest źle, a Pan Bóg nas zabezpiecza. Nie czuję pędu do zarabiania. Nie każdego dnia jemy pyszną kiełbasę, ale czy w wychowaniu o to chodzi?

Chłopcy są dziś na takim etapie, że nawet gdy coś zrobią złego, to przychodzą do mnie i mi o tym mówią, przyznają się do błędu. Na przykład Karol dał się namówić koledze na papierosa. Pół roku później przyszedł porozmawiać o tym. Twierdził, że sumienie nie pozwala mu tego zataić przede mną. Chciał, żebym wiedział nie tylko o jego sukcesach, ale i o porażkach. Choć w sumie to był sukces, że więcej nie zapalił, żałował, a do błędu sam się przyznał. To wydarzenie mówi mi wiele o temperaturze teraźniejszych naszych relacji.

Odkryłem też, jak ważny jest czas poświęcony dziecku. Chłopcy mają bardzo zapełniony grafik w tygodniu. Interesują się wieloma rzeczami i uczestniczą w różnych zajęciach. Nie jest to na tej zasadzie, żeby się pozbyć ich z domu i mieć spokój, czas dla siebie. Wożę ich na treningi piłki i patrzę, jak trenują. Wiedzą o mojej obecności i czują się pewniej. To moje wsparcie dla nich, moje szczęście z obserwacji ich poczynań im też daje wiele radości. Widzę, że wszyscy moi chłopcy mają takie same chęci próbowania wszystkiego, tę samą ciekawość świata, twórczego działania, tylko że starszy ma większe możliwości niż ten mały. To, co sześcioletni syn może pojmować jako szczyt, piętnastoletni uzna za podnóżek. Ale apetyt na zdobywanie mają taki sam. Mają całą masę talentów, których ja nie posiadam. Pięknie śpiewają, uczestniczą w teatrzyku. Czasem z drugiego obiegu dowiaduję się, że chłopcy o czymś marzą. Tak było z tańcem w zespole ludowym. No to wszyscy poszliśmy na tańce. Ja i żona też. Jeśli wiem, jakie synowie mają zainteresowania, to wspieram ich w tym. Zresztą, zaraziłem ich też trochę moimi hobby. Tak jest w przypadku piłki i historii. Kiedyś pochwalił ich wychowawca za udział i świetny wynik w konkursie historycznym. To było miłe. Zawsze odczuwam wielką satysfakcję, gdy słyszę, że chłopcy mają sporą wiedzę historyczną, że dobrze się zachowują.

Myślę, że tworzymy świetną drużynę. Robiłem na jesień ogrodzenie. Najmłodszy i najstarszy bawili się razem na podwórku. Taka różnica wieku, a oni spędzają wspólnie czas. Rozbawiło mnie to, bo zabawnie wyglądali. Ale przyszła też głębsza refleksja, że jeśli ktoś chce mieć z kimś kontakt, relację, to znajdzie na to sposób, mimo różnic.

Karolek był trochę rozbójnikiem, rozrabiał w szkole. Przez cały rok ciężko pracowaliśmy, żeby mu pomóc i to dało efekty. Miło było usłyszeć potwierdzenie z ust szkolnej pani pedagog, że tylko dzięki naszemu wysiłkowi i poświęconemu czasowi Karol zrobił ogromne postępy i zmienił zachowanie. Wynikało to też na pewno z tego, że miał problemy z komunikacją, ponieważ w taki sposób urósł mu trzeci migdał, że nie słyszał dobrze na jedno ucho. Po operacji i zauważeniu problemu mogliśmy mu lepiej pomóc. Wcześniej nie zauważyliśmy, że Karol słabo słyszy, bo rozumiał nas, chyba czytał z ruchu warg.

Teraz mam kłopot z komunikacją z nastoletnim synem. Myślałem, że pamiętam, jak to jest być nastolatkiem, ale bunt syna wydaje mi się wielkim wyzwaniem. Chyba znów muszę pojechać na warsztaty. Nigdy nie ma się pełni wiedzy o dzieciach. Dzieci rosną i z nimi musi rosnąć moja edukacja na ich temat. Są rzeczy, o których wiemy. Wiemy, że mają się uczyć, być dobrze wychowani itd. Wiedza jednak to nie wszystko, bo nie oznacza wcale, że ja wiem, co z tym zrobić.

Najważniejszą rzeczą, jaką widzę, jest akceptacja. Nie mogę odrzucić dziecka. Nigdy. Mój czternastoletni syn jest pół głowy wyższy ode mnie. Przyszedł niedawno i mówi: „Tato, mogę się przytulić?". Mogłem go wyśmiać, że taki duży chłop, a chce się przytulać. Mogłem go zarzucić pytaniami, dlaczego chce tej czułości ojca, ale po prostu powiedziałem: „No jasne, synu" i go przytuliłem. Bo właśnie o to poprosił.

Poświęcam czas dla nich z miłości. To, co oni robią, jest moją pasją. Nie zawsze jest super i słodko. Ale ważne jest moje ojcostwo i to, że chcę z mymi chłopkami być. Mój egoizm, moje hobby, mój czas, moje „ja" odkładam dla „my", dla rodziny. Dzieje się to w realizacji wspólnych celów. Na przykład pracujemy wspólnie na działce, naprawiamy razem coś w domu, idziemy na przechadzkę. My się nie tylko tolerujemy, ale tworzymy wspólnotę. Każde wspólne działanie nas umacnia. No i rozmowy. A na rozmowę trzeba mieć czas i być dostępnym, nie wciąż zamkniętym w sobie i swoich zajęciach. Ciężko nam zaplanować jakiś konkretny czas na daną sprawę, bo żona pracuje na zmiany. Ale umówiliśmy się tak, że chłopcy wiedzą, iż zawsze mogą przyjść do mnie. Jeśli nie mogę być dla nich właśnie w tej chwili, proszę o na przykład kwadrans czasu, żebym mógł dokończyć pracę na jakimś przejrzystym etapie.

Mój styl ojcowski to działanie razem jako drużyna, rodzina. Jestem trochę takim trenerem życiowym moich synów. Każdy ma swoje zadanie do wypełnienia, każdy ma swoje predyspozycje, którymi dopełnia braki reszty. Duże wsparcie mam w mojej żonie, Agnieszce. Ona mój autorytet ojca od początku do końca wspiera. Chłopcy mają jasny przekaz. To jest jak rękawica, pięć palców na jednej dłoni. Wszyscy idziemy jednokierunkowo, patrzymy w tę samą stronę. Może gdyby były dziewczynki, trochę inaczej by to u nas w domu wyglądało, ale jako facet nie mogę się wymigać od wychowywania synów. Analizujemy z żoną nasze metody wychowawcze bez dzieci, na osobności, żeby dzieciom nie mieszać w głowach. Mamy obowiązujące nas wszystkich zasady i ich się trzymamy. A zasady ustalamy razem. Przekaz musi być jasny. Wtedy chłopcy wiedzą, że to działa i oni w tym działają. Wiedzą, że za dobro będą chwaleni, a za niewłaściwe zachowanie odbieramy przywileje, na przykład czeka ich dzień bez komputera.

To nie jest tak, że wszystkie dzieci są takie same. Mają różne charaktery, style zachowania. Siedzimy kiedyś przy stole i rozmawiamy. Pawełek, najmłodszy, tańczy, chce zwrócić na siebie uwagę Michała. A ten nie patrzy. Paweł stuka go w ramię i mocnym głosem mówi: „Na górę!". Michał wstał, zrobił dwa kroki i dopiero wówczas oprzytomniał: „A co ty mi tu będziesz rozkazywał?". Od tej pory Paweł ma ksywę „Prezes".

Cel mam taki, żeby chłopcy wyrośli na dobrych ludzi. Nie muszą być kimś wielkim, odnoszącym sukcesy. Najważniejsze, by byli dobrymi ludźmi.

Vasile, syn Mikołaja

Vasile Mihoc mówi, że czuje się wodzem wielkiego plemienia. Jego rodzina składa się z kilkudziesięciu członków: żona Octavia, 13 dzieci, kilkadziesiąt wnucząt, niektóre jeszcze w drodze. Wnioski, którymi dzieli się z nami, wypływają nie ze sprawowanych przez niego funkcji kapłańskich, nie z jego profesorskiego tytułu, ale z ojcowskiego doświadczenia. Jest prawosławnym teologiem biblistą, studiował w Bukareszcie i w Jerozolimie. Od 1974 roku wykłada Nowy Testament.

Jestem ojcem od wielu lat. Gdy zostałem ojcem, byłem już księdzem i naturalne było dla mnie bycie ojcem duchowym. Jednak stanie się ojcem rodziny było zupełnie nowym doświadczeniem. Przez pierwsze trzy lata naszego małżeństwa nie mieliśmy dzieci, dlatego byliśmy bardzo podekscytowani, gdy na świat miał przyjść nasz pierwszy syn. Byliśmy młodzi: młody ojciec, młoda matka oraz dziecko. W okresie następnych dziewiętnastu lat na świat przyszło kolejnych 12 dzieci. Mamy 8 córek i 5 synów. Więc moje doświadczenie jako ojca wzbogacało się z czasem. W tym okresie musieliśmy nauczyć się rozwiązywać przeróżne problemy, zarówno materialne, psychiczne, jak i duchowe. Jednak czerpaliśmy dużo radości z życia rodzinnego, z tego, że możemy mieć dzieci. Po trzech latach małżeństwa zamieszkaliśmy z rodzicami mojej żony. Byliśmy razem: dziadkowie, rodzice i dzieci. Żyliśmy więc w rodzinie, której członkowie mieli wiele do przekazania i chcieli się tym dzielić z resztą rodziny. Przede wszystkim w naszym domu było mnóstwo miłości. Pamiętam, jak dużo radości ze współtworzenia naszej rodziny mieli moi teściowie. Moja żona była ich jedynym dzieckiem. Teraz więc mieli szansę żyć razem z naszą rodziną, która stawała się coraz większa.

W rodzinnym domu wychowywałem się wśród dziesięciu braci i sióstr, przez co moje doświadczenie było bogate jeszcze zanim wstąpiłem w związek małżeński. Moja rodzina wywodziła się z bardzo silnej chrześcijańskiej duchowości. To była przepiękna rodzina i uważam, że moi rodzice byli święci. Więc cały czas dążyłem do tego, żeby moja rodzina była taka, jak rodzina, w której wychowywałem się i żyłem jako dziecko. Bardzo ważne było dla mnie to otrzymane od rodziców dziedzictwo. Byli oni prostymi rolnikami i ciężko musieli pracować, żeby zapewnić byt naszej rodzinie. Jednak pomimo ciężkich warunków życiowych byli w stanie zapewnić nam wspaniały dom, piękny również duchowo. Będąc księdzem i profesorem jednocześnie, musiałem ciężko walczyć, żeby być w stanie tworzyć w mojej rodzinie taką wspólnotę osób, jaką stworzyli moi rodzice. I widzę, że to nie jest łatwe. Ale widzę też, jak Chrystus czyni wszystko wspaniałym w mojej rodzinie. Jest więc wiele problemów, którym trzeba stawić czoła. Dzisiejsze społeczeństwo odrzuca rodzinę. Byliśmy dla ludzi czymś niespotykanym. Również strona finansowa nie należy do najłatwiejszych. Dzieci trzeba nakarmić, dbać o ich zdrowie, kupować różne leki itd. Ale cały czas widzieliśmy, jak Pan dostarczał nam wszystkiego, także fizycznej i duchowej mocy, jak ochraniał nas we wszystkim, co nam się zdarzało.

W 1996 roku, kiedy byłem już mężem i ojcem, zmarł mój ojciec. Razem z moimi braćmi i siostrami czuliśmy ogromną wdzięczność wobec naszego taty. Ta wdzięczność jeszcze bardziej zbliżyła nas z naszą mamą. Dla mnie mój ojciec zawsze był autorytetem, pomimo tego, że nie był surowy. Sam nie był nawet świadomy tego, jak wielkim autorytetem go darzyliśmy. Był prawdziwie kochającym ojcem. A przecież przez większość roku bardzo ciężko pracował. Zimą miał więcej wolnego czasu, bo na gospodarstwie zajmował się wówczas jedynie zwierzętami. Dlatego zimą zdarzało się, że gotował dla nas. Matka, równie zajęta, zimą robiła różne przepiękne rzeczy: dywany, ozdoby. Więc mój ojciec gotował. Miał kilka dań, specjalności, w których był naprawdę dobry. Z rodzeństwem próbowaliśmy mu pomagać, bo wiedzieliśmy, jak ciężko pracuje. Kiedy chodziliśmy do szkoły, wstawaliśmy dużo wcześniej. Na farmie najwięcej pracy jest rano, trzeba się zająć zwierzętami. Dopiero po tym, jak skończyliśmy naszą pracę, przygotowywaliśmy się do szkoły. Nauczyliśmy się w domu, co to znaczy praca. Nigdy nie bałem się życia, ponieważ wiedziałem, jak praca może pomóc ludziom pokonać trudności życiowe. I wszyscy moi bracia również to wiedzieli. Zawsze byliśmy ciężko pracującymi ludźmi. Wiedzieliśmy też, jak się razem modlić. To wszystko wynieśliśmy z domu rodzinnego.

W domu rodzinnym odkryliśmy też, jak ważna jest wspólnota osób. I jak bardzo jesteśmy wzywani do tego, żeby budować tę wspólnotę. I że musimy włożyć w to nasz wysiłek. Z jednej strony jest z nami Chrystus, który przemienia wszystko, ale z drugiej strony jest ta część, której tworzenia my musimy się podjąć, nad którą musimy pracować. Nasze dzieci widziały więc tę naszą walkę, ten trud. Teraz same odkrywają dar rodzicielstwa. Każde z nich ma wspaniałą rodzinę. W społeczeństwie, w którym jest tak wiele rozwodów, jesteśmy bardzo wdzięczni Bogu, że każde z nich tworzy naprawdę dobrą rodzinę. Mamy kilkadziesiąt wnucząt i prawnucząt i czerpiemy z tego sporo radości, odwiedzając ich, spotykając się z nimi. Dwie rodziny naszych dzieci mieszkają bardzo blisko, więc mamy szansę często się z nimi widzieć.

Nie zawsze było i jest łatwo. Był czas, gdy musieliśmy się zastanawiać, co dać dzieciom do jedzenia. Życie w Rumunii stawało się coraz trudniejsze. Nie było na przykład mleka w sklepach. Nie było masła. A my nie mieliśmy dużo pieniędzy. Aby zapewnić dzieciom wyżywienie, musieliśmy włożyć sporo wysiłku. Pomimo że mieszkaliśmy w dużym mieście, mieliśmy zwierzęta. Przez ponad 20 lat hodowaliśmy krowy. Dzięki tej ciężkiej pracy, kiedy brakowało mleka w sklepach, my mieliśmy mleko od własnych krów. W naszej okolicy było około 60 krów, wszystkie wypasane na łące wzdłuż rzeki. Każdy właściciel krowy miał wyznaczony dzień, w którym pilnował tych 60 krów: swoich i innych. Zdarzało się więc, że wypasałem krowy, będą jednocześnie pełnoetatowym profesorem. To nie było łatwe, choć byłem młodszy. Na szczęście nigdy nie baliśmy się pracy. Więc każda praca – czy intelektualna, czy fizyczna – była dla nas czymś normalnym. Myślę, że nasze dzieci także wyniosły to doświadczenie z domu.

Mam jednego syna, który jest księdzem, a trzy moje córki są żonami księży. Jeden z moich synów jest wykładowcą biologii, ukończył doktorat w Grecji, w Salonikach. Inny ukończył teologię w Niemczech, nie jest jednak jeszcze żonaty. Nasze jedenaste dziecko, Teodora, rozpoczęła właśnie studia doktoranckie na Harvardzie. Dostała tam stypendium i wyjechała do Stanów Zjednoczonych. Do tej pory studiowała lingwistykę w Kanadzie, a teraz przeprowadziła się do Bostonu. Dostała się na 6-letni program stypendialny. Nasze najmłodsze dziecko, córka Andrea, właśnie zaczyna studia magisterskie. Tak więc ciężka praca...

W naszej rodzinie nie tylko moja żona czy ja opiekujemy się dziećmi. U nas wszyscy opiekują się sobą nawzajem. Uczymy się dzielić się ze sobą, czy rozwiązywać wspólnie problemy. Jesteśmy drużyną. Cały czas jesteśmy drużyną. Nasze dzieci kochają się nawzajem i zawsze służyły jedne drugim pomocą. To dla mnie było zawsze piękne – widzieć, jak sobie nawzajem pomagają. Jednak najważniejsze jest, aby przekazać im wiarę. Wiarę Kościoła. Całe nasze życie kochaliśmy Kościół i wydaje mi się, że tę miłość udało nam się przekazać naszym dzieciom. To bardzo ważne.

Oczywiście, popełniliśmy wiele błędów, wielkich błędów. Miłość uczy nas, jak podejmować właściwe decyzje, a prawdziwa miłość jest wielkim nauczycielem. Trzeba więc kochać swoje dzieci. Kochać nie tylko fizycznie, przez okazywanie tej miłości gestami, prezentami, słowami, ale też kochać duchowo. Kiedy mamy jakiś problem i nie jestem pewien, jaką decyzję podjąć, pytam się w swoim sercu i znajduję odpowiedź, bo miłość jest wielkim nauczycielem. Bardzo ważne jest dla dzieci, aby nauczyły się nie bać, aby nie lękały się używać swojej siły fizycznej, psychicznej czy duchowej do pokonywania życiowych przeszkód. Pokazujemy dzieciom, że trzeba unikać grzechu, bo to on jest prawdziwym zagrożeniem. Więc kiedy dziecko błądzi w swoim życiu, to jest w autentycznym niebezpieczeństwie. Grzech niszczy wszystko. Więc musimy chcieć wypełniać wolę Bożą, pamiętać o Bożych przykazaniach. Kiedy patrzymy na rodzinę, musimy zrozumieć, że to nie jest tylko ludzki projekt, ale przede wszystkim Boży projekt. Od samego początku, od stworzenia człowieka, Bóg stworzył rodzinę. Oczywiście, jest w rodzinie ludzkie działanie, ale jest też coś natchnionego. Aby zrozumieć istotę ojcostwa, nie możemy zapomnieć tego ważnego punktu, że jesteśmy zaangażowani w Boży projekt. Kryzys ojcostwa i życia rodzinnego dzisiaj wynika przede wszystkim z tego, że człowiek, ludzkość, świat jest w opozycji do Boga. Nazywamy to grzechem. Ludzie żyją w takim zamieszaniu, zabieganiu, że mijają się z prawdą o swoim życiu, mijają się z powołaniem do miłości.

Wiele lat poświęcamy na wykształcenie zawodowe, by zdobywać pieniądze, utrzymywać się materialnie. Ale kto nas naucza, jak być ojcem? Pierwotnie założenie było takie, że mamy się tego uczyć w naszych rodzinach. Niestety, obecny kryzys rodziny pokazuje jasno, że to w większości przypadków niemożliwe. Jak wielu ludzi cierpi z powodu braku dobrego ojca! Ojciec jest głową rodziny. Ma prowadzić swą rodzinę nie tylko przez to życie, zapewniając środki materialne, ale ma czynić dużo, dużo więcej. Możemy dokonać cudownych rzeczy, ale tylko wtedy, gdy jesteśmy współpracownikami Boga. Ojciec ma prowadzić rodzinę do królestwa Bożego. Patrzę na moje dzieci, na moje wnuki. Cieszę się, że dążą do Bożego królestwa, że ciężko pracują, nie boją się, ale się miłują i tworzą piękną wspólnotę.

Darek, syn Lucjana

Darek Jabłoński ma żonę i dwóch synów: Damiana i Bartka. Mieszka w Chełmnie. Był zapaśnikiem w stylu klasycznym, ciężko pracującym na dobre wyniki. Został mistrzem świata, Europy, dziewięciokrotnie mistrzem Polski, brał udział w olimpiadzie, ale zaczął tracić relacje z rodziną. Poszukiwania dały mu nowy początek.

Od 7 lat, odkąd zakończyłem karierę zawodnika, zacząłem nowe życie. Wcześniej byłem poza domem przez 200, nawet 250 dni w roku. Mam deficyt pewnych spraw. Teraz dwoję się i troję, żeby coś robić więcej, nadrabiać stracony czas, by mieć dobrą relację. W ojcostwie stale są jakieś niespodzianki. Robię, ile mogę, jestem gotowy na wszystko, ale i modlę się, bo czasami jest naprawdę ciężko.

Z Bartkiem nie ma jeszcze jakichś większych problemów wychowawczych. Jest bardzo posłuszny, uczynny. Starszy syn, Damian, bardzo teraz domaga się sprawiedliwości. Doszukuje się wszędzie, czy podział czasu, dóbr jest po równi, czy przypadkiem kogoś nie faworyzuję. Czasami ma odczucie, że jest bardziej pokrzywdzony niż młodszy od niego Bartek. Staram się tu być obiektywny. Staję także wobec siebie w prawdzie, jak to rzeczywiście jest. Pokazuję synowi, tłumaczę: popatrz, Bartek miał wprawdzie kupione to czy tamto, ale ty na przykład miałeś ciuchy nowe, kupowałem je z tobą i dla ciebie, a Bartek nosi je po tobie, nie dostaje nowych. Chcę Damianowi pokazać jak jest, żeby przyjął obiektywną prawdę i nie koncentrował się wyłącznie na swoich emocjach, subiektywnych wrażeniach. Apeluję do jego rozsądku, nie tylko od emocjonalnego odczucia, które akurat w nim teraz dominuje. Nie spodziewałem się, że z nastolatkiem jest czasami tak trudno. Wydaje mi się, że to efekt mej nieobecności w domu w pierwszych latach życia Damiana. Wiem, że mimo różnych jego zachowań, czasem zaskakujących, czasem niemiłych, nadal mam być stały, okazywać mu zainteresowanie, opiekować się nim, być zaangażowanym, ale też umieć wyrażać pewne rzeczy, mówić o tym, co jest drażliwe, tłumaczyć delikatne sprawy, czy wprowadzać w tematy dorosłości.

Ojcostwo jest niesamowitą przygodą. Ma, moim zdaniem, wiele wspólnych cech z zapasami. Jako zapaśnik wiele czasu spędzałem na treningach, angażowałem się, byłem pilny, chciałem realizować marzenia o sukcesach sportowych. To wszystko wydało owoce. Mam sukcesy, medale. Takie przyziemne sprawy... Wewnątrz gdzieś odzywał się głos, że nie wszystko jest w porządku z moją relacją z synami. Odezwało się moje dzieciństwo i jego braki. Kwestia mojego ojca to delikatna sprawa. Wprawdzie poukładałem to sobie już w sercu, ale nie chcę o tym rozmawiać, by nie narażać rodziny. Powiem tyle: nie mogę sobie niczego dobrego przypomnieć. Wiem natomiast, że mam Ojca w niebie, który pokazuje mi poprzez swoje Słowo, jak mam żyć, jak funkcjonować jako człowiek, mąż, rodzic, trener, nauczyciel. Trwam, biegnę i nie ustaję.

Gdy zostałem trenerem, znów mocno się zaangażowałem. Któregoś dnia żona dosadnie wyraziła swoją opinię na temat tego, jak oddaję się rodzinie, że więcej czasu poświęcam dla obcych ludzi niż dla synów, angażuję się całym sobą w trenowanie czyichś dzieci, a nie ma mnie przy wychowaniu własnych. Na kolanach żałowałem za ten stracony czas. Od tej pory przewartościowałem wszystko. Wprawdzie jakość relacji jest najważniejsza, ale jaka może być jakość, jeśli nie ma wspólnego czasu.

Zacząłem szperać po Internecie. I tak znalazłem konferencje dla rodziców. Pojechaliśmy z żoną. Poznaliśmy Magdę i Ryśka Grabowskich, Kasię i Darka Klimków, z którymi do dziś mamy kontakt. Dało nam to dużo. Potem korzystaliśmy też z tego typu konferencji w Chełmnie. W pewnym momencie żona wycofała się z tych spotkań, ponieważ niejako wyczerpały się już treści. Zacząłem szukać czegoś innego i wtedy znalazłem informację o Tato.Net. Na jednych warsztatach byłem z synem. Niedawno pytał, kiedy znów pojedziemy. Młodszy syn również o to zapytuje, widzi zadowolenie brata i też chce tego doświadczyć.

W swoim TatoPlanie skupiłem się na słuchaniu dziecka, na koncentracji, uwadze, patrzeniu, obserwowaniu. Samo skupienie wzroku na dziecku to wcześniej był dla mnie kłopot. Przelatywałem oczami, coś tam burknąłem, ale to nie było zaangażowaniem mnie całego. W wychowaniu, jak w sporcie, trzeba być wytrwałym. Muszę tak przygotowywać dziecko, by było przyszykowane do życia z każdej strony. Jak na trening, tak na wychowanie trzeba poświęcić sporo czasu. Ale też jak trening musi być systematyczny i solidnie wykonany, tak też jest z kontaktem z dzieckiem. Muszę być w sprawach dziecka i dać z siebie wszystko, jak podczas zawodów. Stąd nawet gdy jestem na wyjeździe, utrzymujemy kontakt, dzwonimy do siebie, dużo rozmawiamy. Chcę być zawsze dostępny dla swoich dzieci.

Z żoną wprowadziliśmy takie posiedzenia przy stole. Od czasu do czasu siadamy sobie wszyscy razem i planujemy. Rozmawiamy o marzeniach, o zamiarach. Myślę, że powinniśmy to robić częściej, bo wychodzą przy tym ciekawe rzeczy.

Uczestniczę w dobrych zawodach w mistrzostwach ojców, gdzie zwycięzcami są dzieci. Nie boję się i nie mam oporów przepraszać, gdy nawalę, także wobec synów. Widzę, że to dobrze wpływa na chłopaków. Starszy syn, gdy zaczynał przygodę z piłką, mocno przeżywał przegrane. Widziałem, że ma tutaj problem. Czasem dawałem mu fory i przegrywałem, pokazując przy tym, jak przyjąć niepowodzenie. Sam to nieraz przeżywałem w sporcie i teraz mogłem pomóc synowi przełknąć porażkę, wyciągnąć wnioski i iść do przodu.

Dziecko nie chce mojej nadaktywności, tak jak nie chce mej nieobecności w jego życiu. Jako nauczyciel wf-u jestem częstym bywalcem w szkole Damiana. Mogę szybko reagować, porozmawiać z synem o jego problemach. Proponuję mu, że pogadam z nauczycielem, ale on kwituje mocno, że nie chce mojej kontroli, pomocy, że tu da sobie radę sam. Już zaczyna być bardziej samodzielny.

Ojcostwo to nie tylko wychowywanie dzieci. Ono wpływa też na mnie, na moje znajdywanie siebie, motywacje, plany, kształtuje mnie. Pomaga mi też w pracy zawodowej w szkole. Widzę inaczej moich uczniów, mogę zauważyć ich problemy i starać się im zaradzić. Uczniowie, widząc moje zaangażowanie, zwierzają mi się, proszą o poradę. Jako nauczyciel nie jestem tylko od przekazania wiedzy, moją misją jest też pomoc rodzicom w wychowaniu.

Wychowywanie dzieci to zadanie długoterminowe. Wymaga pilności, systematyczności. Codziennie, krok po kroku, małymi kroczkami. Gdy przychodzę z pracy lub między treningami do domu, jestem już nastawiony na dzieci, nie liczę na czas dla siebie. Często w drzwiach już słyszę głos synów proszących o zabawę. Albo wtedy rzucam wszystko, przebieram się, ruszamy na zewnątrz i gramy, albo pokazuję ręką, że potrzebuję 5 minut na odpoczynek czy posiłek i po tym czasie wychodzimy grać w piłkę. Damian próbował zapasów, ale zdecydował się na piłkę. A że starszy wybrał piłkę nożną, to młodszy, wciąż go kopiujący, wybrał to samo. Gramy też w siatkówkę, tenisa stołowego, jeździmy rowerami. Tacy trzej sportowcy.

Niektóre rzeczy planuję, choćby wyjścia na kręgle, bilard, pizzę. Mogą sobie wybrać, co chcieliby robić. Ja im mówię, kiedy mogę wyjść i dogadujemy szczegóły. Częściej jednak to od nich wychodzi propozycja wspólnego wyjścia. Czasem przy tej okazji w grę wchodzi czynnik finansowy i o tym również im mówię. Tak też mogę uczyć ich życia. Niektóre zbyt częste wyjścia nadwerężają budżet rodzinny, więc musimy wtedy coś innego planować. Jest okazja porozmawiać o odpowiedzialności finansowej, o wydawaniu pieniędzy, o planowaniu. Czasem wychodzimy wszyscy razem, czasem idę tylko z jednym synem. Dzięki temu poznaję ich lepiej. Generalnie wiem, co lubią – w dużej mierze z rozmów – ale więcej z doświadczenia, obserwacji.

Nie mogę się zniechęcać, wycofać. Czasami rzeczywiście czegoś się nie chce. Niedawno przed wyjazdem w plener dopadła syna niechęć do wyjazdu, bo trzeba wcześnie wstać, bo to coś nowego, trzeba się zmierzyć z nieznanymi wyzwaniami, a on nie wie, czy podoła. Wtedy ja mam za zadanie go motywować i dawać przykład. Mnie też takie zniechęcenie może dopaść. Wówczas przypominam sobie swoje cele, myślę o dobru dzieci i idę do przodu. Mam silne motywacje.

Andrzej, syn Antoniego

Andrzej Lebek to ojcowski Kolumb, który zna się na dzieciach. Postawił na ojcostwo już jako młody chłopak. I od wczesnych lat gromadził ekwipunek do wyruszenia na ojcowską przygodę. Pomagała mu literatura, na przykład Melchiora Wańkowicza „Na tropach smętka" (powieść o wyprawie taty i córki na kajaki). Jego pasję do ojcostwa rozbudził własny tato, a mistrzem sztuki ojcowskiej stał się Janusz Korczak, który uczył, jak kochać dziecko. Ojcostwo dla taty trzech muszkieterów: Piotra, Michała i Adama, jest grą z wieloma niewiadomymi, z której czerpie wiele satysfakcji. Jest facetem, który potwierdza prawdę żartobliwej sentencji, że mężczyzna chce mieć syna, by móc sobie kupić kolejkę, z tym że Andrzej zabawek nie kupuje, tylko robi je sam. By poznać dziecko, potrafi dać mu inicjatywę w zabawie, zaś w chwili kapryszenia odwraca jego uwagę ku innej aktywności. Ojcowską dewizą Andrzeja jest postawienie na jakość chwili z dzieckiem. Wie, że autorytet u dziecka nie jest dany z góry automatycznie, ma swoje koszty, potrzeba podejmować wysiłek, walkę z własną słabością. Dlatego, by zaimponować synom, skacze z trampoliny pomimo lęku wysokości.

Zanim jeszcze zostałem mężem, byłem głęboko przekonany, że wcześniej czy później będę ojcem. Dlatego magazynowałem zabawki dla moich dzieci, sprzęty, które mogłem potem wykorzystać do tworzenia. Nauczył mnie tego mój tato. Umarł, gdy miałem 10 lat. Ale te 10 lat było tak intensywne, że wyryło we mnie niezatarty ślad. Nie umniejszając roli mojej mamy, przede wszystkim ojcu zawdzięczam to, kim i jaki jestem. Wciąż mam w głowie i sercu taki obraz: Dzwonek do drzwi. To tato wraca z pracy. Ja mu otwieram, a on, stojąc w progu, wyciąga z kieszeni marynarki pocztówkę. Ja się cieszę, bo już od dawna marzyłem o zbieraniu pocztówek. A co robi tato? Podaje mi z kolejnej kieszeni następną widokówkę. Z każdej kieszeni, także z aktówki, wyciągał inną. Potem przyznał się, że pół godziny na klatce schodowej upychał po kieszeniach te widokówki dla mnie. Zadał sobie ten trud. Mógł po prostu rzucić na stół mnóstwo pocztówek, ale on chciał mi zrobić niespodziankę, chciał mi zostawić takie zdjęcie na całe życie. Dopiero około czterdziestki uświadomiłem sobie, jak niezwykłego miałem tatę. Do tej pory uważałem, że to wszystko jest naturalne.

Dostałem do ręki piękne książki. Literatura bardzo mi pomogła. Pochłonąłem cztery tomy Korczaka. Jeszcze nie miałem dzieci i umierałem z ciekawości, kiedy zastosuję mą wiedzę do dzieci. Wszystko miałem, tylko dzieci brakowało. Słowa Korczaka były niezwykłe, całkiem inne niż to, co widziałem do tej pory na placach zabaw, na ulicach, w parkach. Korczak proponuje, by dać dziecku inicjatywę i tylko nawigować je, by nie zrobiło sobie krzywdy. Gdy dziecko rozrabia, marudzi, po prostu trzeba odwrócić jego uwagę. Dzieci mają taką fajną cechę, że szybko zapominają o tych lodach, przez które wybuchła awantura i cieszą się nową zabawą. Cieszyłem się, że mam jakąś wiedzę o dziecku, bo przecież człowiek nie rodzi się z całym tym bagażem doświadczenia, musi się tego gdzieś nauczyć. Ja uczyłem się od moich rodziców, zwłaszcza od taty, oraz z literatury.

Szybko dotarło do mnie, że jeśli moje dzieci mają mieć wrodzone zdolności, wcześniej ja sam muszę jakieś talenty w sobie rozwijać. W jednej książce czytanej przeze mnie w młodości bohater kształcił silną wolę, polerując podczas wakacji do połysku ogniwa długiego łańcucha. Ja zrobiłem to samo z mosiężnymi odważnikami babcinej wagi. A gdy miałem lat kilkanaście, zacząłem ćwiczyć intelekt przez zapamiętywanie haseł ze słownika wyrazów obcojęzycznych. Popisywanie się mądrymi słówkami dawało mi więcej satysfakcji niż czyszczenie odważników. Ale szybko zrozumiałem, że inwestowanie w siebie, w swój rozwój to jednocześnie inwestycja, która zaprocentuje kiedyś w moich dzieciach. Przecież bakcyla do czytania połknąłem bez trudu, bo nałogowo czytali babcia, mama, tato. Jestem twórczym facetem, bo mój tato nie mógł ani chwili spokojnie usiedzieć. Wciąż realizował jakieś projekty i mnie w nie wciągał. Na moją osobowość pracowało lub, niestety, nie pracowało wiele osób z mojego genealogicznego drzewa. A ja przekazałem to moim synom.

Dzieciom trzeba zostawić jak najwięcej dobrych, trwałych wspomnień, wymyślać niespotykane na co dzień sytuacje. Nauczyłem się tego od własnego ojca. Jedną z książek, które inspirowały mojego tatę, była ta o budowaniu dla dzieci wszystkiego z pudełek do zapałek. Tato był świadomy, że jest chory i ma mało czasu, w związku z tym nie mogliśmy sobie pozwolić na takie normalne zbieranie tych pudełek. Więc poświęcił kilka nocy, żeby zrobić własne. To jest taki moment, który mi się utrwalił. Wstałem rano i zobaczyłem całą skrzynię pudełek po zapałkach, z których mogliśmy potem konstruować. Do dziś pamiętam, ile tato dla mnie zrobił, i do dziś jest on dla mnie bardzo ważną osobą. Dzięki niemu chciałem i umiałem wymyślać dla swych synów tak niezwykłe rzeczy ze zwykłych przedmiotów, że nawet dzieci sąsiadów i koledzy synów ze szkoły lubili spędzać czas w naszym domu.

Próbowałem nie zapominać, czego potrzebuje dziecko i jak się czuje, że pragnie wciąż odkrywać, doświadczać, budować. Starałem się im to umożliwiać, a przy tym nie wtrącać się w zabawę. Zawsze pod ręką miałem zestaw ratunkowy: kartkę w kratkę, żeby zagrać w statki, ołówki, sznurek, balon, kredę. Przy deserze wyciągałem wycięte z gazet dowcipy rysunkowe. Śmiech rozładowywał nawet najbardziej napiętą atmosferę. Kiedy przyszedł czas na rysowanie po ścianach, zrobiłem ogromną planszę na całą ścianę, gdzie mogli się wyżywać. Nawet sprayem tam malowali. Któregoś dnia powkręcałem w ściany pokoju chłopców haczyki. Nie mówiłem im początkowo o co chodzi. Potem za pomocą linki, kilku koców i prześcieradeł pomogłem im przerobić pokój na namiot. Haczyki szybko zagościły na ścianach całego mieszkania. Synowie mogli budować do woli, według granic wyobraźni. W ten sposób dzięki tym linkom, kocom, prześcieradłom mieli wszystko: i statki kosmiczne, i czołgi, i łodzie. Stół kuchenny stawiałem tak, że był przechylony. Chłopcy budowali z plasteliny i kartoników koryta, którymi płynęła wylewana przez nich woda. Na końcu stało wiadro, ale i tak nie udało się nigdy uniknąć zalania kuchni. Oni też byli zawsze cali mokrzy. Ale ile było radości! Starałem się tak skończyć zabawę, żeby żona, przychodząc z pracy, zastała chłopców już umytych lub przynajmniej siedzących w wannie. A bałagan zostawał ogromny. Mieliśmy co sprzątać, ale wystarczyło popatrzeć na radość dzieci, że świetnie się bawią i już dało się wytrzymać ten straszny bałagan. Żyłka zbieracza bardzo pomaga. Kupiłem na przykład kokpit helikoptera czy peryskop z czołgu, żeby chłopcy mogli się tym bawić. Z miseczek plastikowych i żarówek zrobiłem dla nich kolorowe lampy. Przyciskało się odpowiedni guzik, aby zapalić dany kolor. Niestety, nie zawsze moje pomysły okazywały się hitem. Czasem dzieci nie bawiły się zbyt długo okupioną niewyspaniem i zmęczeniem zabawką. A ja nie mogłem się mimo to zniechęcać.

W tych zabawach chodziło mi o to, by dzieci uczyły się tworzyć coś samemu, nie być tylko konsumentem, ale twórcą. Dziecko nie musi zazdrościć kolegom domku dla lalek czy trampoliny. Mamy, co mamy i świetnie się tym bawimy. Chodziło też o to, by wygrać z komputerami, telewizorami, grami. Wiem od synów, że te zabawy pozwoliły im próbować w życiu różnych rzeczy, zajęć, aby docelowo wybrać jedną pasję i jej się poświęcić. Poza tym chciałem, by chłopcy rozwijali manualne zdolności. Chciałem przekazać moim dzieciom to, co ja odziedziczyłem po swoim ojcu. I myślę, że się udało. Moje wnuki, Tomek i Emilka, też mają teraz tatę konstruktora. Ale nie złożyłem narzędzi do schowka. Robię synowi konkurencję i wymyślam nowe zabawy, których on nie zna. Teraz jest więcej dostępnych materiałów, więcej możliwości. Wystarczy chcieć i poświęcić chwilę czasu. To dla mnie taki sposób, by dożyć 115 lat, przeżyć w pamięci wnuków. Mój ojciec spędził ze mną tylko 10 lat, ale nie ma dnia, żebym go nie wspominał. Mam nadzieję, że i ja zapiszę się w pamięci moich potomków. Jest to jakiś sposób na długowieczność.

Nie miałem zamkniętej wizji przyszłości każdego syna. Starałem się nie przywiązywać dziecka do siebie oraz siebie do wyobrażeń o dziecku, do wymyślonych efektów swojego wychowania. Dzięki Korczakowi odkryłem, że dziecko ma swoje prawa, także prawo do własnej śmierci. Odkryłem delikatny moment balansu potrzebnego dziecku do właściwego funkcjonowania, a do praktykowania którego przekonałem swoją żonę. Opieka ojców (i matek) ma zapewnić dziecku równowagę między bezpieczeństwem a wolnością. Wydaje się, że niejednokrotne komendy na placach zabaw wskazują, że wielu rodziców nie daje dzieciom takiego prawa. W autentycznej trosce nie ma miejsca na tresurę, zaborczość czy trzymanie pod kloszem.

Chyba najtrudniej było w okresie, gdy każdy po kolei syn stawał się nastolatkiem. Bo kawały, które jeszcze wczoraj były śmieszne, nagle stały się obciachowe; nie mogłem odwieźć syna pod samą szkołę, bo za stary samochód i koledzy wyśmieją; nie powinienem zagadywać jego kumpla itp. W tej sytuacji ćwiczyłem dwie umiejętności, które pozwoliły mi przejść przez ekstremalne sytuacje. Pierwsza to dzielenie wszystkiego przez 10. W ten sposób ciężar problemu mego syna nastolatka sprowadzałem do mniej więcej rzeczywistych rozmiarów, sam nie tracąc przy tym resztek cierpliwości. Druga sztuka była o wiele trudniejsza. Chodziło o to, by nie dać się wciągnąć w pułapkę absurdalnej dyskusji. Jeśli rozgorączkowany nastolatek zderza się z moim „truciem", a ja z jego hasełkami, awantura gotowa. Dlatego w ciężkim momencie mówiłem „STOP" i prosiłem o replay: „Proszę o powtórkę od słów: w nosie mam...". W ten sposób pozwalałem synowi jeszcze raz zastanowić się nad słowami, a tym samym nad samym meritum rozmowy. Powtórka wypowiedzi była zazwyczaj dużo lepsza niż jej oryginał. Wtedy udało mi się w praktyce zastosować twierdzenie, że bycie konsekwentnym i wymagającym wcale nie oznacza bycie nieprzyjemnym, nie muszę iść na wojnę z własnymi dziećmi. W końcu nasze wspólne spędzanie czasu powinno być przyjemne i miłe.

Gdy nasze dzieci przychodzą na świat, zaczynamy partię szachów. Na początku jest mnóstwo możliwości podejmowanych decyzji, ale z każdym ruchem te możliwości się zmniejszają. Niestety, nie mogę powiedzieć, że niekorygowane błędy się zdarzają. One się rozwijają! Dlatego bardzo ceniłem sobie czas poświęcony dla dzieci. Umykający czas nie cofnie się, nie będę miał drugiej szansy być ojcem dla moich dzieci w jakichś lepszych czasach. Dostałem kiedyś propozycję awansu i wysokiej podwyżki, jeśli tylko zrobię studia. Miałyby one trwać trzy lata. Akurat w czasie, gdy chłopcy bardzo mnie potrzebowali, w istotnym dla ich rozwoju okresie. Zrezygnowałem. Czas spędzony z ojcem jest im bardziej potrzebny niż zabawki, które mógłbym kupić za dodatkowe pieniądze. Kiedy nasza pociecha dorośnie, przykra byłaby konieczność powiedzenia sobie: „Ach, gdybym jeszcze raz wychowywał swoje dziecko…" Czas się nie cofnie, nie wróci. Nie wszystko mogę przewidzieć, nie wszystko zaplanować, jednak muszę coś zrobić, by ten czas nie minął bez śladu. Czas bycia ojcem szybko się kończy, to tylko jeden błysk.

Jak szybko mija czas uświadomiłem sobie, gdy Piotr, najstarszy syn, miał już coraz mniej wolnego na rozmowy z tatą. Postanowiłem wtedy coś zrobić. Wieczorną dobranockę, coraz rzadziej oglądaną przez synów, zastąpiłem Wieczorami Intelektualno-Emocjonalnymi. Synowie w skrócie nazwali to zdarzenie treściwym WIE. Wszystko zaczynało się punktualnie o 21.00. Punktualność była w cenie i odpalałem za nią chłopakom każdego dnia po 50 groszy. Najpierw mowa była o uczuciach towarzyszących nam tego dnia. Takie podsumowanie. Kiedyś mówiliśmy o tym, czego nie lubimy i co sprawia nam przykrość, a co jest powodem naszej radości. Dowiedziałem się wielu nowych rzeczy o swoich dzieciach. Czasem mówiliśmy o tym, jak sobie nie radzimy z emocjami, na przykład przyznałem się synom, że niepotrzebnie i za ostro naskoczyłem na jednego pana w parku, który zganił nas za zabawę na trawie. „To fakt, tato, ale nie uważasz, że gość przesadził z tą ochroną przyrody?". Podczas WIE był też taki moment, gdy rozmawialiśmy o tym, co się udało, a co nie wyszło nam tego dnia. Następnie czytaliśmy książkę. Czasem była to lektura szkolna, czasem klasyka literatury, albo coś przygodowego, lub jakiś pamiętnik podróżnika. Był też czas na muzykę. Czasem moje propozycje spotykały się z gwizdami dezaprobaty, ale następnego dnia zdarzało się usłyszeć niechciane wcześniej nuty gwizdane czy nucone przez któregoś syna pod nosem. Muzykę poważną włączyłem pierwszy raz, gdy byli zbyt zmęczeni, by protestować. Bywały i takie wieczory, gdy chłopcy od razu zastrzegali, że chcą poważnie porozmawiać i nie mają czasu na książki i eksperymenty. Na końcu modliliśmy się, dziękując i prosząc. Nieraz musiałem także służyć za masażystę. Nasze WIE wydaje się być proste, ale jednak wymagało ode mnie sporo wysiłku i przygotowania, by te 30-40 minut wyszło nam wszystkim na pożytek.

Starałem się zabierać często Michała na moje sprawunki, bo miał wtedy zawsze momenty, żeby odkrywać swoje wnętrze. Czasem w samochodzie, a czasem w kolejce do okienka kasowego. Musiałem wtedy dzielić uwagę i to w taki sposób, żeby syn nie czuł się zepchnięty na plan dalszy. A każdy moment takiej uwagi dla dziecka jest bezcenny. Szanuję każdą taką chwilę i traktuję na serio.

Nie cierpię kolonii. Tam wciąż słychać: „Uważaj, to niebezpieczne!". Wolę obozy harcerskie. Tam niepokój o zdrowie zuchów jest wliczony w koszty. Dzięki temu dzieci nabierają hartu ducha podczas nocnych wędrówek czy przy zdobywaniu kolejnych odznak. Był czas, że moi chłopcy uwielbiali klocki. A potem nadeszła dla nich epoka skateparku. Syn zjeżdżający na deskorolce z rampy, gdy nie mogę go asekurować, zatrzymać, nie należał do uspokajających moje serce widoków. Ale tu nie chodziło o moje poczucie spokoju i wygodne dla mnie zabawy. Chłopcy w skateparku byli szczęśliwi. Kupiłem zatem dobry kask, ochraniacze, przypominałem im o bezpieczeństwie, pilnowałem, by się nie popisywali i modliłem się, prosząc aniołów stróżów o opiekę. A przy tym wszystkim pamiętałem o sformułowanym przez Janusza Korczaka prawu dziecka do śmierci, że czasem tak chronimy dziecko przed śmiercią, przed niebezpieczeństwem, że wyrywamy je życiu; nie chcąc jego śmierci, zabieramy mu życie. Wprawdzie oglądanie telewizora wydaje się bezpieczne, ale czy nie ma tu ryzyka, że zabije ono w dzieciach zainteresowanie sportem, chęć biegania, pływania, pokonywania przeszkód, wspinaczki po górach, leśnych wędrówek?

Niekiedy robiliśmy wysoce ryzykowne rzeczy. Oczywiście, bardzo uważaliśmy z żoną na bezpieczeństwo, ale pozwalaliśmy dzieciom brać udział w dobrej przygodzie. Kiedyś byliśmy na wyprawie w Jurze Częstochowskiej. Chłopcy, już nastoletni, znikali w jakiejś jaskini nawet na 40 minut, a ja umierałem ze strachu o nich. Nie widziałem ich, nie wiedziałem, co robią, nie mogłem im pomóc, asekurować. Oni do tej pory nie wiedzą, ile ja tam zdrowia straciłem. Musiałem im ufać. Dla mnie dużo przyjemniej byłoby pójść do parku. Dwa tygodnie spędziliśmy na tego typu wędrówkach. Od tamtego czasu wszystko wyglądało już inaczej. Chłopcy dojrzeli, mniej czasu wymagali ode mnie, stali się bardziej samodzielni. To było jakby takie pożegnanie z tym pierwszym dzieciństwem.

Zazwyczaj wyprzedzałem życzenia synów w dziedzinie zabaw i zabawek. Tak na przykład Michał był bardzo ruchliwy. Postanowiliśmy skonstruować rolki na rampę. Kompletowaliśmy sprzęt, montowaliśmy razem. Zawsze była wielka radość z każdej nowo przyniesionej części. Przychodziłem, wyciągałem z kieszeni kółka, a syn się cieszył: „Mamy następną część!". Taka przyjemność, rozkładana w czasie, zawsze bardzo radosna, intensywnie przeżywana. Przypominało to te pocztówki, które tato kiedyś mi podarował, każdą z innej kieszeni.

Najstarszy syn, Piotr, był zawsze bardzo rozsądny. Drugi, Michał, to zawadiaka, wchodził w ekstremalne sytuacje. Trzeci, Adam, był gdzieś pośrodku. Ale jak zaczęli skakać na basenie z trampoliny czy chodzić po jaskiniach, zobaczyłem, że wszyscy trzej są odpowiedzialni i odważni. I przerośli mnie w tym. Ucząc ich samodzielności, odpowiedzialności, musiałem wiele razy przełamywać własne lęki. Na przykład, gdy chcąc być z nimi, razem się bawić, skoczyłem na basenie z pięciometrowej trampoliny. A oni wówczas skakali z wyższych. Pokonałem swój ogromny lęk wysokości i skoczyłem, by wiedzieli, że warto przełamywać strach, siebie. No i chciałem uczestniczyć z nimi w zabawie.

Przekonałem się wielokrotnie, że dziecko lubi grać pierwsze skrzypce, decydować. Ważne jest przy tym słuchanie tego, co mówi i jak mówi. Wtedy wie, że traktuję je poważnie.

Opowiada na przykład o samochodzie, a ja się pytam o kolor auta. I dziecko wie, że je słucham. Musi wiedzieć, że w rodzicach ma oparcie. Po wywiadówkach nie można deprecjonować szkoły, ale dziecko musi też wiedzieć, że jestem po jego stronie, nie oceniam go po samych słowach nauczyciela, ale słucham dziecka, będąc wciąż z nim, dla niego. To było zawsze doceniane przez synów. Procentowało zaufaniem, mówieniem prawdy.

Na pewno ważne jest również pewne zdystansowanie do owoców swej rodzicielskiej pracy. Człowiek na początku sobie wyobraża, jak to dziecko pójdzie w świat, jakie to ono będzie wspaniałe, jakie sukcesy osiągnie, jak dobrze jest przygotowane do życia, do spotkań z ludźmi. Czasami nie wszystko się udaje, albo dzieci idą w innym kierunku, niż ten, który początkowo założyliśmy, dokonuje innych wyborów. Trzeba uszanować jego wolność w wyborze drogi życiowej, zawodu, przyjaciół. Pewnie, że jeśli odstaje od jakiejś ogólnie przyjętej normy *homo sapiens*, to mamy za zadanie to korygować.

Skoro już jestem ojcem, mogę z tego uczynić przygodę. Nie tylko dla dzieci, ale też dla siebie. To kapitalne: dowiadywać się, co mogę jeszcze zrobić, co wymyślić, jaką zabawę zainicjować i patrzeć na rozwój dziecka. Jedno dziecko to jest kilkanaście lat ciężkiej pracy. Skoro i tak przez tę pracę muszę przejść, to mogę to uczynić z radością, traktować jako przygodę, z dużym poczuciem humoru. Jakie to wspaniałe uczucie, jaka satysfakcja, gdy dzieci piszczą z radości, że mogą gdzieś z tatą pójść, bawić się z nim, gdy skaczą, klaszczą w ręce na jego widok.

Kiedy organizujemy u nas w domu spotkania rodzinne, nie siedzimy jedynie przy stole, objadając się i tyjąc. Przygotowuję cały program, żeby wszyscy mogli dobrze się bawić. Robimy quizy, konkursy z nagrodami. Jest czas na przekąski, ale przede wszystkim jest dużo zabawy, rozmów. To wymaga dobrego wyreżyserowania całego planu, ale warto. Spotykamy się mniej więcej raz na dwa miesiące i wszyscy starają się, aby nie przepuścić okazji do tej zabawy.

Kolumbowie naszego pokolenia, których poznałeś przed chwilą – Andrzej, Darek, Wasyl, Grześ i Aleksy – nawigując ku ojcowskim celom, wykazali się twórczą wyobraźnią. Bez wątpienia nie są oni dla swoich dzieci kimś w rodzaju „mamusi bis". Budują oni swój autorytet w harmonijnej równości z żoną, matką swoich dzieci, jednak czynią to w odmienny sposób. Słowa i gesty związane z opieką ojcowską, pozornie podobne, matczynych, nabierają innego ciężaru gatunkowego dlatego, że są wykonywane przez mężczyznę. Dzieci potrzebują miłości w dwóch różnych kolorach i to jest trzecie odkrycie Kolumbów.

Warsztaty Tato.Net stają się często kuźnią twórczą wyobraźni ojców, którzy tworzą swoje oryginalne TatoPlany. Wykuwają swój ojcowski styl. Nie tylko synowie Andrzeja wiedzą, że zabawy z ojcem są inne niż z mamą. „Naukowcy nie mają żadnych wątpliwości, że ojcowie, którzy spędzają czas ze swoimi dziećmi, zaszczepiają u nich samokontrolę i umiejętności społeczne" – napisała niedawno Sue Shellenbarger, felietonistka „The Wall Street Journal". Wielu dobrych ojców, takich jak Aleksy lub Adam (pomagał mi stawiać pierwsze kroki w ojcostwie, prowadząc ze swoją żoną Wandą autorską szkołę rodzenia) otrzymuje dzięki metodzie Tato.Net impuls do planowania czasu „jeden na jeden". Jak wiele dobrodziejstw przynosi taki czas dla duetu tato-dziecko oraz dla wszystkich członków wielodzietnej rodziny, przekonali się podczas warsztatów „Tato & Córka – nowe spojrzenie". Wewnętrzny kompas wskazuje Kolumbom drogę między Scyllą a Charybdą, między nieobecnością a nadopiekuńczością. Drogą jest dbanie o jakość chwili z dzieckiem.

OJCOSTWO
SZTUKA SZPAGATU
TATO.NET

Odkrycie czwarte:

Sztuka szpagatu

Oszacowano, że w jednym weekendowym wydaniu gazety „The New York Times" znaleźć można więcej informacji, niż żyjący w XIX wieku człowiek otrzymywał przez całe życie.

Badania, które przeprowadzono w ramach projektu Tato.Net wykazały, iż co drugi ojciec uważa, że dzisiaj jest trudniej być ojcem niż wcześniej. Uważali tak ojcowie, myśląc o pokoleniu swoich ojców i dziadków, ale także o swoim ojcostwie pełnionym wobec dzieci starszych, pełnoletnich oraz młodszych, które przyszły na świat w obecnym stuleciu. Mężczyzna stoi dziś wobec poważnego wyzwania, którym jest poszukiwanie klucza do spełnionego ojcowskiego życia.

Krzysztof Kolumb płynął ku nowym lądom, kierując się busolą. Dzisiejsi ojcowie surfują pośród oceanów sprzecznych informacji, oczekiwań i wartości. Niedawno zmarła rosyjska dysydentka Waleria Nowodworska ostrzegała zachód, że „oduczył się bronić". Możemy tę trafną obserwację zadedykować współczesnemu tacie, który pod wpływem kultury masowej traci instynkt obronny. Współczesna kultura usypia męską świadomość przez swój chaos, zastępując wymagające ideały męskości wzorcami niedojrzałymi. Wielu współczesnych ojców doświadcza potężnych napięć wynikających z nowych wymogów funkcjonowania w świecie zawodowym i rodzinnym. Standardy zawodowe i rodzinne ulegają zmianie – poprzeczka nieustannie idzie w górę. Jako pracownik ma być profesjonalny, dyspozycyjny, oddany celom firmy, by pozyskać klienta i pokonać konkurencję. Jako ojciec również ma podnosić swoje wychowawcze kompetencje i okazywać troskę w sposób, jakiego od poprzednich pokoleń dobrych ojców nikt nawet nie oczekiwał (kursy przedmałżeńskie, szkoły rodzenia, porody rodzinne, urlopy ojcowskie, warsztaty, rady rodziców). Dobry ojciec i dobry pracownik to dziś trudny, ale możliwy ideał. Podobnie jak możliwe jest zrobienie szpagatu. Niektórzy mężczyźni w zderzeniu tych dwóch światów toną, jak niegdyś marynarze podczas sztormu. Istnieją jednak tacy Kolumbowie, którzy opanowali sztukę ojcowskiego szpagatu.

Adam, syn Zdzisława

Adam Pniak mieszka w Niepokalanowie. Jest mężem od 1998 roku. Ma córkę Weronikę i syna Michała. Odkrywa przed nami prawdę o tym, że praca i rodzina to nie światy wzajemnie siebie niszczące, ale się dopełniające, wspomagające.

Pierwszy warsztat był chyba w 2006 roku w Grodzisku Mazowieckim. Było to niezwykłe doświadczenie. Skierowała mnie na nie żona. Słyszała o Tato.Net w radio i pomyślała, że to dobra inicjatywa, w sam raz dla mnie.

Od 1997 roku prowadzę własną działalność gospodarczą. Są w tej pracy dobre i słabsze okresy. W czasie, gdy dzieci były małe, interes świetnie się rozwijał i wówczas mało czasu spędzałem w domu, ale gdy już byłem w domu, maksymalnie poświęcałem czas dla dzieci. Żona widziała potrzebę większego mego zaangażowania w życie syna i córki. Niestety, miałem czasem takie kontrakty w pracy, że w ciągu całego tygodnia byłem w domu tylko kilka godzin, widywaliśmy się jedynie w weekendy. Przez pewien czas, żeby więcej razem przebywać, zdecydowaliśmy się, by miesiące od wiosny do jesieni mieszkać razem w hotelu w moim miejscu pracy. Dla nas wszystkich było to uciążliwe. Stąd na warsztaty jechałem bez oporów. Chodziło tylko o to, żeby trafić z terminem. I tak spóźniłem się prawie dwie godziny, bo prowadziłem szkolenie w firmie.

Warsztaty pozwoliły mi zobaczyć, że trzeba zmienić perspektywę kariery z „mieć" na „być". Wśród siedmiu sekretów odkryłem potrzebę położenia akcentu na zaangażowanie czasu w życie dzieci. Wcześniej więcej uwagi poświęcałem na zabezpieczenie finansowe rodziny. W wyniku warsztatów przemyślałem swój styl funkcjonowania i postanowiłem rzucić dotychczasową pracę. Mieć czy być? To wcale nie jest takie proste w wyborze. To jest większy problem społeczny, ale chodzi o to, bym to ja wiedział, co chcę z tym zrobić w swoim przypadku. Po warsztacie zacząłem szukać sposobu, by inaczej zorganizować pracę, bym mógł spędzać czas z dziećmi. Wyjechaliśmy za granicę, do Australii. Mieszkał tam ojciec mojej żony, który chciał poprawić relacje z córką. Zaczęła pracować żona, staraliśmy się o stały pobyt, żeby dzieci mogły spokojnie się tam kształcić. Po roku okazało się, że jednak chcemy wrócić do Polski. Teść, do którego pojechaliśmy do Australii, opuścił dom, gdy moja żona miała osiem lat. Myślałem, że zapraszając nas, chce odnowić więzi z córką. Okazało się, że nie udało się tego odbudować. Mój teść nie był nawet w stanie zrozumieć, że jego córka nie ma na czym bazować w budowaniu relacji z nim. Dotarło do mnie wówczas jeszcze dobitniej, że oddając czas pracy, zamiast rodzinie, mogę stracić dzieci, ich szacunek.

Duży komfort dla ojca daje możliwość zabezpieczenia finansowego rodziny. Intensywnie pracuję, ale też intensywnie spędzam czas z rodziną. Wcześniej planuję czas spędzany razem i jest to bezwarunkowo czas zajęty dla rodziny. Cały sierpień przeżywamy na wspólnym odpoczynku, na spotkaniach z bliskimi, wyjazdach do krewnych, na wakacjach. Szukam w ten sposób jakiegoś łączenia zaangażowania w rodzinę z zabezpieczeniem jej materialnego bytu.

Sposób namierzania celu, jakim jest równowaga między życiem a pracą obejmuje sformułowanie zasad i granic działalności zawodowej. Ja przyjąłem, że w tygodniu pracuję do godziny 17.00, a weekendy oraz dwa miesiące letnie są dla rodziny, co równa się niewypracowywaniu przez ten czas pieniędzy. Wytyczenie granic dla realizacji celów zawodowych oraz dzięki temu nowe formy angażowania się w budowanie więzi z dziećmi to mój sposób na balans ojcostwa i pracy. Podczas wyjazdów służbowych codziennie komunikuję się z bliskimi przez internet. W czasie rodzinnym uczestniczę w edukacji i aktywnym wypoczynku. Na przykład idziemy do kina, odwiedzamy krewnych.

Jeszcze przed wyjazdem za granicę założyłem z grupą przyjaciół własny biznes, ale on zabierał mi jeszcze więcej czasu niż poprzednia praca. Zatem szybko go zamknąłem i wyjechaliśmy do Australii. Po powrocie przemodelowałem mój sposób pracy. Teraz tylko w kilku procentach jestem podwykonawcą, a skupiam się na sprzedaży własnych rozwiązań, wcześniej było odwrotnie. I mam więcej czasu. W sprawach zawodowych podjąłem więc takie decyzje, które miały na celu dobro mojej rodziny. I dobro materialne nie jest tu na pierwszym miejscu. Polityka wyjazdu za granicę dla zabezpieczenia majątkowego rodziny, ale bez rodziny, jest mi całkowicie obca. Nie chcę stracić więcej swego czasu ojca. Gdy planowaliśmy wyjazd do Australii, od początku było jasne, że jedziemy wszyscy. Gdy miałem kontrakty daleko od domu, zabierałem rodzinę do hotelu, byśmy jak najmocniej byli ze sobą.

Miesiące letnie oraz sobota i niedziela to święty czas dla rodziny. W tygodniu najintensywniej pracuję, kiedy dzieci są w szkole. Staram się po 17.00 być już całkowicie wyłączony z pracy. Tak przyjęliśmy wspólnie, że wszyscy, dzieci także, pracujemy intensywnie od poniedziałku do piątku. Sobota i niedziela są tylko dla nas. Zatem ja i żona nie pracujemy, a dzieci muszą do piątkowego wieczoru wyrobić się z zadaniem domowym. Nasz święty czas odpoczynku zaczynamy dobrym filmem w piątek wieczór. Ostatnio oglądamy *Czas honoru*. A podczas tych wakacji byliśmy w Oświęcimiu i Treblince, żeby dzieci naocznie przekonały się, czym jest wojna, żeby odbiór treści zawartych w filmie przypieczętować obrazem rzeczywistości.

Myślę, że zanim się przejdzie na własny biznes, warto porozmawiać najpierw z kimś, kto już przeszedł tę drogę. Myślę, że warsztaty Tato.Net są tu świetną pomocą. To, że ktoś jest samozatrudniony nie oznacza, że będzie umiał trzymać samodyscyplinę w pilnowaniu czasu dla rodziny.

W domu mam wydzielone biuro. I dzieci wiedzą, że gdy jestem przy biurku, jestem w pracy, ale wiedzą też, że każdego dnia mam czas dla nich, a zwłaszcza, że po ciężkiej pracy przez cały tydzień nadchodzi zawsze sobota i niedziela, kiedy nikt nie może zabrać mnie od rodziny. Dlatego są spokojne. Nawet gdy jestem gdzieś w trasie, prowadzę szkolenie, jestem dla dzieci dostępny na komunikatorze. Czasem tylko mogę im napisać czy powiedzieć, że teraz nie mogę rozmawiać, bo mam wykład, ale zaraz na przerwie wykorzystuję wolną chwilę, by porozmawiać, być dla nich. W ten sposób też mamy zawsze ze sobą jakiś kontakt. Na pewno pomaga nam to w umacnianiu poczucia bezpieczeństwa.

Anonim z Hiszpanii

Ojciec, który wciąż ma nadzieję, że odzyska relację ze swym ukochanym dzieckiem.

Ostatni raz widziałem córkę, gdy jechałem autem. Zatrąbiłem, spojrzała na mnie, odwróciła głowę i poszła. Gdyby choć na chwilę przystanęła, zostawiłbym auto na skrzyżowaniu i pobiegłbym do niej. Nie obchodziłoby mnie, czy dostanę mandat. Zamknę oczy i widzę ją przed sobą. Jest prawie mojego wzrostu. Brązowe oczy, brunetka. Najpiękniejsza na świecie.

Przechowuję korespondencję z czasu, gdy byłem za granicą. Trzymam każdy papierek, pamiątkę. Od córki zostały mi dwa rysunki, cztery listy, trzy zdjęcia. To akurat ocalało. Jak będziemy kiedyś razem, fajnie będzie powspominać, pochylić się nad tymi pamiątkami. Mam nadzieję, że nie będziemy mówić o tej przerwie, ale o tym czasie, kiedy byliśmy razem. Było to krótko, ale przecież byłem w jej życiu. Może pozwoli mi być kumplem. Mam nadzieję.

Mam takie zdjęcie: duży królik i mały królik. Mały w spódniczce, bo to córka przecież. A ten otyły to ja. Serduszka i motyle dookoła. Niebieskie niebo, piękne słońce. A te króliki przytulone do siebie, takie szczęśliwe. Mogło tak być zawsze...

Kiedyś, jak wróciłem z pracy, przybiegła do mnie i powiedziała: „Tatusiu, a czy wiesz, że jak ty palisz papierosy, to mi to też szkodzi?". Powiedziałem, że wiem o tym, ale ciężko jest rzucić palenie. Ona spojrzała na mnie tymi swoimi oczkami i oznajmiła: „Jak jutro cały dzień nie będziesz palił, to jak wrócisz z pracy, dam ci takiego mocnego dziubala". Ja, oczywiście, zapomniałem o tym. Jak na jej pytanie w progu odpowiedziałem, że paliłem, odeszła ze smutną miną. Serce mi się krajało. Następnego dnia zaparłem się i nie paliłem. Po powrocie tupot nóżek. Gdy się pochwaliłem, wycałowała mnie. To najlepsza metoda na rzucenie palenia. Teraz znowu palę.

Dzień przed wyjazdem do Hiszpanii poszedłem z nią uczyć ją jeździć na rowerze. Bardzo chciałem, żebym to ja jako ojciec nauczył ją jeździć. Kupiłem jej rower i poszliśmy na jakieś cztery godziny uczyć się. Przejechała kilka metrów sama, nawet o tym nie wiedząc, bo tak ją podszedłem. Byłem po powrocie zmęczony, ale szczęśliwy. Jest wiele rzeczy, których nigdy nie naprawię, bo nie da się cofnąć czasu. Niby nauka jazdy na rowerze to nic, ale to są rzeczy, które są ważne, które się pamięta. Córce zabrałem te wspomnienia, po prostu ich nie dałem. Głównym winowajcą jestem ja. Bo mnie nie było.

Nieważne jest to, że może inni ją nastawili przeciwko mnie. To i tak ja jestem winny.

W jednej pracy było nieźle. Ale gdy ją straciłem, w Polsce było coraz gorzej. Łapałem, co się dało. W końcu tylko żona pracowała. Zaczęło na wszystko brakować. Mieliśmy kredyty. Niespłacane. Pojawiła się szansa wyjazdu za granicę. Oczywiście, zarobki wspaniałe w porównaniu z naszym krajem. Miałem być pół roku, żeby spłacić długi i trochę zarobić do przodu, ale wszystko potoczyło się inaczej i byłem 8 lat.

„Kochany tatusiu, nie mogę bez ciebie wytrzymać, strasznie tęsknię" pisała córka. Za granicą najgorsze były święta. Na pierwsze święta Bożego Narodzenia wysłałem jej radiomagnetofon. Zadzwoniłem w Wigilię i przepraszałem, że taki skromny prezent jej dałem, bo chciałbym jej cały księżyc podarować, a ona na to zawołała, że oddałaby wszystkie prezenty, żebym tylko wrócił.

Stosunki z żoną się oziębiły. A po jakimś czasie w życiu mojej żony, w moim domu, w moim łóżku, na moim miejscu był inny mężczyzna. Założyłem sprawę o rozwód z możliwością widywania córki, bez orzekania o winie. Już tak mam, że jak kocham, to kocham. Dwa lata nie mogłem się pozbierać. Potem pojawiła się kobieta w moim życiu. Zamieszkaliśmy po jakimś czasie razem. Zakochałem się na nowo. Zszokowało mnie, gdy mnie zapytała, zdziwiona moją reakcją na wspomnienie o córce: „To faceci też tęsknią?". Ona sama wychowywała swoje dzieci. Jej mąż nie okazywał uczuć. Ale potem pomyślałem, że ja w sumie jestem taki sam, bo przecież mnie nie było, gdy powinienem był być.

Raz dostałem od córki rysunek żółwika, takiego zmordowanego, zapłakanego, z podpisem: „Tęsknimy za tobą". Przyjechałem po 6 latach. Spotkaliśmy się z córką. „Tylko nie wyobrażaj sobie, że rzucę ci się na szyję". Nogi miałem jak z waty. Poznałem ją z daleka. Rozmawiało nam się bardzo fajnie. Chłodek zniknął szybko. Córka nie chciała rozmawiać o przeszłości. Cieszyliśmy się swoją obecnością. Trzynastoletnia dziewczyna powiedziała, żeby cieszyć się po prostu tym, że się spotkaliśmy. Byliśmy razem w kinie i zamiast oglądać film, patrzyłem na nią. Przez trzy tygodnie, jakie spędziłem w Polsce, nasza więź się umocniła, ale przez ten czas nie powiedziała do mnie ani razu „tato". Aż na koniec. I wtedy popłynęły mi łzy szczęścia. Pierwszy raz płakałem ze szczęścia, jak się urodziła. Pierwszy ją zobaczyłem i rozpłakałem się szczęśliwy. Była piękna, choć może nie wyglądała zbyt higienicznie. Polecam wszystkim przyszłym ojcom być przy porodzie. Opowiadałem jej, co będziemy razem robić i płakałem. A teraz zostały mi tylko dwa zdjęcia.

Jak wróciłem za granicę, rozmawialiśmy przez skype'a, telefon, pisaliśmy SMS-y. Złapaliśmy wspólny temat: muzyka. Później było coraz mniej tych rozmów. Zacząłem pić i coraz rzadziej odpisywałem córce. Kiedyś wykrzyczała mi do słuchawki, że przecież mógłbym mieszkać w Polsce i widywać ją w każdy weekend. W końcu straciłem pracę, robiłem dorywczo, złapałem dołka i zacząłem zapijać smutki. W Hiszpanii zaczęło się dziać źle. Ale ja nie miałem dokąd wracać do Polski. Jak zadzwoniłem do mamy, w tle usłyszałem z ust taty wiązankę przekleństw i słowa: „Po co on tu dzwoni?". Przestałem dzwonić. W końcu wróciłem. Nie miałem wyboru. Ostatni raz wypiłem w 2012 roku w urodziny córki. Pomyślałem sobie, że jeśli będę pił, szanse odzyskania córki zmaleją do zera. Zgłosiłem się do stowarzyszenia charytatywnego. Założyliśmy firmę z wykończeniami wnętrz. Początki były ciężkie, teraz zaczynamy się rozkręcać.

Córka nie chciała się ze mną spotykać. Dwa razy widziałem ją przypadkiem. Tylko „cześć, cześć". Nie pozwala mi na spotkanie. Wiem, że nie mogę naciskać. Wysyłam SMS-y co sobotę. Wiem, że jestem tchórzem. Boję się, że zrobię zbyt gwałtowny ruch i ją spłoszę. Marzę o tym, żeby powiedziała do mnie „tato". Może kiedyś uzna, że zasługuję na to miano. Wtedy pewnie trzeci raz w życiu zapłaczę ze szczęścia.

Ireneusz, syn Teodora

Ireneusz Krosny z Tychów na Śląsku. Aktor i komik, mistrz w sztuce pantomimy. Mąż Lucyny, ojciec Asi, Michała, Mateusza. Prelegent Międzynarodowego Forum Tato.Net.

Na problem szpagatu moja recepta jest taka: Trzeba sobie na początku powiedzieć, co jest dla mnie ważniejsze. Czy ważniejsza jest dla mnie rodzina, czy ważniejsza jest dla mnie praca zawodowa. To ustalenie jest konieczne, bo jak się tego nie powie wyraźnie, to praca w dzisiejszym świecie, w dzisiejszych czasach wywiera ogromną presję na człowieka, bo kusi pieniędzmi, karierą, pięciem się wzwyż, awansem. I w pewnym momencie jest w stanie pochłonąć prawie cały czas, który powinien być podzielony jednak pomiędzy różne obowiązki. Jeżeli tego na początku się nie zrobi, to poświęcenie zbyt dużego czasu na karierę owocuje rozbiciem rodziny. Wcześniej czy później tworzy się sytuacja, w której małżonkowie po prostu rozwodzą się, ponieważ żyją osobno, a nie zaczynają żyć osobno, bo się rozwodzą. Nie, po prostu rozwód jest tylko stwierdzeniem faktu, że się żyje osobno. W związku z tym moja recepta jest taka: zawsze trzeba balansować.

W moim przypadku jest tak, że ustaliliśmy limity miesięczne, czyli ile mogę występować w ciągu miesiąca, a ile czasu powinienem zachować dla rodziny. Te limity w moim życiu funkcjonują już od kilkunastu lat i mogę powiedzieć, że jest to coś, co się sprawdziło. Jest limitowanie pracy, zatem nieprzyjmowanie czasami bardzo intratnych czy prestiżowych ofert. Z tego muszę zrezygnować, ale wspaniale owocuje to tym, że cieszę się po prostu zdrową, świetną rodziną. I to jest nagroda dużo większa niż te pieniądze czy te laury, które można gdzieś tam zyskać. Tak więc, gdybym miał komuś dać radę, to bym mu powiedział: dogadaj się ze swoją żoną, zrób sobie balans pomiędzy pracą a rodziną, tak aby rodzina była szczęśliwa, że jest z tobą.

Bertrand, syn Józefa

Bertrand Bisch jest Francuzem, mężem Anny, Polki. Ma cztery córki: Asia (wyjechała do Francji na studia), Zosia, Marysia i Magda. Od urodzenia drugiej córki żona została w domu, żeby pracować z dziećmi, prowadzić dom. Bertrand jest przedsiębiorcą, właścicielem dużej firmy zatrudniającej ponad 250 osób.

Mam trzy priorytety w życiu. Na pierwszym miejscu jest Bóg, na drugim rodzina, na trzecim praca i życie społeczne. Nieraz się zdarzyło, że któraś z córek dzwoniła do mnie, bo miała jakąś sprawę. Odbieram zawsze i nie wstydzę się szczerze i naturalnie, tak jak w domu, rozmawiać z dzieckiem przy kliencie. Absolutnie się tego nie wstydzę. I mam nadzieję, że może też dzięki temu dam komuś coś do myślenia.

Mam na biurku fotografie naszej rodziny. Aktualizuję je na bieżąco. Teraz już w moim biurze jest nasza fotografia z tych wakacji. Ale nie tylko dzieci, ale też ja i żona. Bo razem tworzymy rodzinę i wszyscy jesteśmy w niej ważni.

W mojej drodze do zrozumienia i wyuczenia się sztuki szpagatu między pracą i rodziną miałem dwa mocne uderzenia. Jedno uderzenie, to była postawa mojej żony. Nieraz, gdy wracałem do domu, było napięcie, trudne sytuacje. Żona wtedy tłumaczyła mi: „Wiesz, jedno słowo od taty dzieci rozumieją w mig, a ja muszę to wszystko w kółko tłumaczyć, długo mówić. Jesteś dla nich autorytetem, ale trzeba, by ten autorytet był obecny". Drugie uderzenie, to warsztaty „Tato & Córka – nowe spojrzenie" w Zabrzu. Pamiętam stres, gdy musiałem odpowiedzieć na pytanie, kto jest idolem mojej córki. Wymyślałem, że jakiś aktor. Asia natomiast powiedziała, że to ja jestem jej idolem. Zobaczyłem, jak bardzo jestem ważny, jak bardzo dzieci mnie potrzebują. Do tej pory widziałem siebie jako bankomat, jako faceta od załatwiania różnych spraw potrzebnych do materialnego funkcjonowania rodziny. Po tych dwóch uderzeniach i zmianie mej postawy widzę siebie jako latarnię morską. Latarnia morska musi być widoczna i musi świecić. Nie ma tu ucieczki. Ojciec musi być widoczny, to znaczy, że musi być obecny. Jak to robię? W dzień powszedni staram się najpóźniej wyjść z pracy o 18.00, ale w domu też jest wiele spraw do załatwienia. Ostatnio z Anią postanowiliśmy, że powinienem w tym miejscu angażować dzieci, żeby spędzać z nimi więcej czasu, a jednocześnie uczyć je życia. Pytam na przykład, kto chce jechać ze mną na sprawunki.

Dwa tygodnie temu zgłosiła się jedenastoletnia Marysia i od razu widziałem, że coś jej ciąży na sercu. Już w samochodzie zapytała: „Czy gdybym miała świadectwo z paskiem, mogłabym się przenieść do innej szkoły?". Takie ważne pytanie. Nie miałaby jak o tym rozmawiać ze mną, gdybym nie spędzał z nią czasu, bo to nie jest rozmowa na telefon czy przy wszystkich. Co z tego wynika? Że trzeba dziecku dać okazję na spotkanie, dać sposobność do rozmowy. Moim wysokim priorytetem jest spełnianie próśb córek o rozmowę, o wspólny czas. To ważne, by mieć przynajmniej 10 minut dziennie dla każdego dziecka. To nie jest aż takie trudne, gdy się pomyśli, jakie płyną z tego korzyści dla dziecka. Ono wtedy widzi ojca jako tę latarnię morską i czuje się bezpieczne, i wie, dokąd zdąża.

Jak już ta latarnia jest obecna i widoczna, musi świecić. Jak? Dziś rano z żoną doszliśmy do tego, że chodzi o to, by dawać ciepło, by wzmacniać. Mocno w to wierzę, że zachęta, akceptacja ojca buduje w dziecku pozytywny obraz siebie. Każda okazja jest dobra, by ojciec mógł pomóc dziecku budować dobrą samoocenę. U młodszych córek jest to proste. Cieszą się każdą pochwałą. Zosia ma 18 lat i jest piękna, ale sama uważa, że jest gruba i brzydka. Widzę, jak bardzo brakowało jej mojego chwalenia, dobrych słów w jej pierwszych latach życia. I teraz to jest trudne. Postanowiłem sobie teraz, że za każdą naganę powiem dziecku dwie pozytywne o nim rzeczy. To owocuje. Pracujemy nad tym ponad dwa lata, to przynosi efekty. Najstarsza córka sama załatwiała formalności związane z wyjazdem na studia, sama znalazła sobie akademik.

Wiedziała, że my jej ufamy, jesteśmy przekonani, że ona wie, co robi.

Jak zabierałem pracę do domu, to nie byłem tak naprawdę dla rodziny. To była wielka pomyłka. Do domu nie zabieram pracy. Ustaliliśmy w pracy zasadę elastyczności. Jeśli jakiś pracownik ma pilną sprawę do mnie, ma prawo pisać SMS-y, dzwonić, ale ja nie mam obowiązku mu odpowiedzieć, to znaczy to jest moja decyzja, co zrobię z jego wiadomością. W tym roku wróciłem z czterotygodniowego urlopu, podczas którego nie dostałem z firmy ani jednego SMS-a. Praktykujemy to wzajemnie. Nikt z firmy nie może wymagać od pracownika, by w prywatnym czasie odpowiadał na telefony z pracy. Każdy sam decyduje, czy może ten czas oddać firmie. I to dobrze działa.

Wiadomo, że nie dam rady zrobić wszystkiego w pracy i w domu. Stąd tak istotne jest zarządzanie priorytetami. Moje życie duchowe jest ważniejsze niż cokolwiek. Potem rodzina. Dziś Anię i Asię odprowadzałem na lotnisko, bo Asia dziś wyjechała na studia. Byłem przez to dwie godziny później w pracy, ale rodzina jest ważniejszym priorytetem niż praca. Jak wracam o 18.00 do domu, to też mam świadomość, że za drzwiami firmy zostało mnóstwo pracy do wykonania, ale trudno. Nie zdołam zrobić wszystkiego. Nigdy. Zatem muszę pamiętać o tym, co jest najważniejsze. Bóg, moja relacja z Nim jest zawsze na pierwszym miejscu. Oddaję wszystko Bogu: i rodzinę, i pracę, i wszystko działa, funkcjonuje, na dodatek dobrze, sprawnie. Własną siłą, własnym czasem nie ma takiej możliwości. Zdając się na Boga, trzymając się priorytetów, jest dobrze.

10 lat temu jechaliśmy do Polski. Był upał, nie mieliśmy klimatyzacji. Mieliśmy wtedy tylko dwójkę dzieci. Postanowiliśmy zwiedzić po drodze do Polski zamek, nie pamiętam już jaki. Idziemy pod górę, do tego zamku, jest straszny upał. Zosia marudzącym tonem mówi: „Tatusiu, jest mi gorąco!". A ja, już trochę zdenerwowany, odpowiadam zirytowanym głosem: „Ale Zosiu, czego ty ode mnie oczekujesz? Co ja mam zrobić? Przecież nie zgaszę słońca". A Zosia na to: „Tatusiu, ja niczego od ciebie nie oczekuję. Po prostu chciałam ci powiedzieć, jak się czuję". To było kapitalne, takie mocne uderzenie. Nie jestem tym, który ma wszystko załatwić, ale mam słuchać, mam być blisko i mam zrozumieć. Do dziś ta nauka dana mi od córki jest dla mnie wiążąca. Najważniejszy jest czas dany dziecku. Myślimy, że to my coś dajemy dzieciom, ale to dzieci dają nam wiele, zmieniają nas.

Paweł, syn Zbigniewa

Paweł Bochniarz jest mężem Ani i ojcem szóstki dzieci. Przedsiębiorca, doradca i trener biznesu. Obecnie pracuje w międzynarodowej firmie doradczej. Lubi spędzać czas na świeżym powietrzu z rodziną. Jego pasje to sport, edukacja, innowacje.

Bycie ojcem jest ciągłą wędrówką. Nie myślę, żeby jakikolwiek etap tej wędrówki był już zamknięty. Mam wrażenie, że jako współcześni rodzice jesteśmy bardzo mocno podróżnikami. Wszystko jest bardzo dynamiczne, ciągle uczymy się i rozwijamy. Wiem jednak, że istnieje także stały element w moim ojcostwie – to jego wymiar wewnętrzny. Oczywiście, ważne jest, aby pracować nad warsztatem swoich umiejętności wychowawczych. Ciągle doskonalę umiejętności słuchania i przekazywania jakichś treści edukacyjnych, wychowawczych dzieciom. Natomiast to po prostu nie jest istotą sprawy. Rola rodzica, tak matki, jak ojca, ma również pierwiastek metafizyczny. Nie można tej roli sprowadzać do roli nauczyciela. Aspekt rozwoju duchowego jest niezwykle ważny, bo relacja, którą budujemy z dziećmi, nie jest odniesieniem typu nauczyciel – uczeń, ale czymś głębszym, co zawiera również bardzo mocny element duchowy.

Spotkanie z Tato.Net podczas mojej ojcowskiej wędrówki było pewnego rodzaju odkryciem. Otworzyły mi się oczy na to, co bardzo mocno wewnętrznie przeczuwałem, ale zostało to wypowiedziane dopiero przez misję i działania Tato.Net. Chodzi mianowicie o to, że bycie ojcem może być przeżywane jako życiowa misja mężczyzny na całe życie. Stanowiło to dla mnie duże odkrycie. Gdy osobiście poznałem Darka Cupiała, był rok 2008. Miałem wówczas piątkę dzieci. Moja ojcowska przygoda była już mocno zaawansowana i czułem po prostu, jak wartościowe jest to doświadczenie bycia ojcem, ile mi ono dało, jak wiele się nauczyłem jako ojciec. Spotkanie z ideą Tato.Net w tym momencie było pewnego rodzaju odzwierciedleniem moich ówczesnych wewnętrznych przeczuć. Zobaczenie tego, co robi Tato.Net, pozwoliło mi na dowartościowanie oraz konkretne ponazywanie tego, czego już doświadczałem.

Każdy tato, podobnie jak mityczny ojciec i wojownik Odyseusz, natrafia w swej wędrówce na różne pułapki. Gdy byłem uczestnikiem Forum Tato.Net w Zabrzu, prowadziłem warsztat dla grupy ojców. Podzieliłem się wówczas moją strategią pokonania Scylli i Charybdy, potworów, które stanęły na drodze Odysa do domu, a które symbolizują bariery niemal każdego taty. Uważam, że najlepiej zacząć od ponazywania pułapek, pokazania przeszkód, w których tkwi wielu ojców. Inaczej mamy do czynienia ze swego rodzaju błędnym kołem. Dziś wielu ojców i wiele rodzin znajduje się w sytuacji ogromnej presji ekonomicznej. Presja ta dotyczy zwykle dwóch rzeczy, czasem może wielu, ale tych dwóch z pewnością. Z jednej strony, w miarę rozwoju rodziny rosną koszty utrzymania domostwa. Kolejne dzieci, kolejne wydatki na dzieci, a im starsze, tym tych wydatków jest więcej. Z drugiej strony, istnieją pewnego rodzaju rosnące aspiracje, czyli oczekiwanie, że poziom życia będzie jakoś zwyżkował, a przynajmniej się nie pogarszał. Te dwa czynniki powodują, że prawie wszyscy znajdujemy się pod silną presją. Zazwyczaj jesteśmy trochę lub bardzo na minusie finansowym. To też powoduje, że kobiety, choć chciałyby poświęcać się jedynie pracy domowej, coraz częściej pracują zawodowo. Zmienia się tradycyjny podział ról i niemal wszyscy stracili równowagę. Mamy wrażenie, że wykonujemy karkołomny szpagat między pracą a rodziną. I jeszcze nie dość, że tkwimy w tym szpagacie, to jeszcze podłoga pod nami się porusza, zaś sytuacje, w których mamy poczucie równowagi, należą tak naprawdę do wyjątków. Pojawia się pytanie, czy można z tego błędnego kręgu się wyrwać? Myślę, że można. Mój sposób na balans opiera się na stosowaniu w praktyce kilku zasad.

Pierwsza z nich polega na tym, że jako ojciec mam swój kodeks, ustawiam pewnego rodzaju granice. Widzę, że sfera pracy ma charakter dużo bardziej inwazyjny niż sfera rodzinna. To niemal norma, że w pracy rzadko mówimy o rodzinie, natomiast często zdarza się, że będąc w domu, wciąż jesteśmy zaabsorbowani pracą. Odbieramy telefony, maile, wykonujemy jakieś zadania, na które zabrakło czasu w biurze i tak dalej, i tak dalej. Przy takiej inwazyjności sfery zawodowej po prostu nieodzowne jest postawienie granic. Może to polegać na tym, że w pewnych godzinach oraz w weekendy jesteśmy niedostępni, nie odbieramy telefonów, nie sprawdzamy, czy przyszła do nas jakaś bardzo ważna wiadomość mailowa lub SMS. Bo jeżeli tych granic sobie nie postawimy, będziemy dla rodziny duchowo nieobecni. My z żoną odpowiednio wcześniej planujemy, kiedy w tym roku będzie czas wspólny całej rodziny, kiedy nas jako małżonków, a kiedy indywidualny, czyli na bycie z samym sobą. To jest, moim zdaniem, pierwsza kwestia. Teraz jestem świeżo po urządzeniu takiego rocznego planu. Dzisiaj usiedliśmy z Anią i między innymi postanowiliśmy, że raz na dwa tygodnie pójdziemy na randkę. To nie musi być nic wielkiego. Może być kino, może być kawa na mieście. Ważne jest, by trzymać się grafiku. Ustaliliśmy też, że w soboty i niedziele posiłki będziemy zawsze jadać wspólnie.

Druga moja zasada to praktyka planowania. Osobiście doświadczyłem bardzo mocno dobrodziejstwa płynącego z systematycznego planowania. Czytałem dużo na ten temat. Wszyscy autorzy podkreślają, że jeżeli naprawdę chcemy, żeby coś się wydarzyło, to nieodzowne jest wykonanie trzech kroków: zaplanowanie, wpisanie do kalendarza oraz trzymanie się obranego kursu. Czyli, jeżeli umawiam się, że pojedziemy z synem na jakąś wyprawę rowerową, w góry, lub że pójdziemy do kina, to zapisuję to ustalenie w kalendarzu, bo jeżeli bym tego nie zrobił, to, niestety, często postanowienie pozostaje na etapie planowania. Moją praktyką ojcowską jest planowanie w różnej skali czasowej: dziennej, tygodniowej, miesięcznej, rocznej. Faktem jest, że my, współcześni ojcowie, żyjemy często w dużym stresie, działamy pod straszną presją, ale trzeba się uczciwie zapytać, z czego ta presja wynika? Na ile wynika ona z jakichś obiektywnych przesłanek i faktów, bo na przykład straciłem pracę. Może jednak ta presja wynika z własnych aspiracji lub moich błędnych decyzji. I tutaj dochodzimy do punktu, w którym pojawia się pytanie: jakie są moje priorytety? Na co wydaję pieniądze, o czym marzę, za co się modlę, o czym myślę? Sam niejednokrotnie znajdowałem się w takiej sytuacji, że trochę oszukiwałem siebie, iż pewne rzeczy nie są dla mnie ważne, choć przecież znajdowały poczesne miejsce w moim umyśle. Tak może być na przykład z ulubionym chodzeniem na lunch do restauracji, które z czasem staje się nawykiem na tyle silnym, że w rezultacie nie mam oszczędności. Niekiedy nie stać nas na to, żeby kupić książki dla dzieci lub pojechać na wakacje. Więc taki regularny rachunek sumienia z ustaleniem priorytetów i gruntownym ich przemyśleniem jest szalenie ważny w TatoPlanie.

Kolejna istotna reguła, która współcześnie w relacjach rodzic-dziecko nie zawsze jest praktykowana, a którą kierujemy się z żoną w naszej rodzinie, to stawianie małżonka na pierwszym miejscu przed dziećmi. Ktoś kiedyś powiedział, że najlepsze, co może dać ojciec dzieciom, to pokazać, jak kocha swoją żonę. Wiadomo, są różne sytuacje życiowe, ale mówię tu o potrzebie tworzenia sytuacji optymalnej, w której po prostu małżeństwo dobrze funkcjonuje i jest świadectwem dla dzieci. Dzięki temu dzieci doświadczają, że relacje międzyludzkie mogą być trwałe i nienaruszalne, a miłość jest możliwa. To ostatnie jest zapewne najważniejsze – miłość jest możliwa. Dziś cały świat mówi coś przeciwnego, że nie ma czegoś takiego, jak miłość na całe życie.

Czwarta reguła mojego TatoPlanu dotyczy spędzania czasu indywidualnie z każdym dzieckiem. Kiedy się ma jedno czy dwójkę dzieci, jest to może bardzo oczywiste, ale kiedy jest ich szóstka, czasami może to być nie lada wyzwanie. Poświęcenie czasu na budowanie tego typu relacji, na poznawanie każdego dziecka, jego charakteru, temperamentu, predyspozycji, to jest coś fantastycznego, ale to wymaga wysiłku. Nie o to chodzi, żeby wszystkim dawać po równo siebie i swój czas, tylko żeby dawać każdemu tyle, ile ono potrzebuje. Jedno potrzebuje tego czasu mało, drugie dużo więcej. Szczególną trudność widzę w dostosowywaniu swojego zaangażowania do zmieniającej się sytuacji. Dzisiaj potrzebuję podejmować jako ojciec decyzje, które nie są raz na zawsze, a chwila wymaga natychmiastowego działania. Właśnie między innymi z tego powodu razem z Anią dzielimy się między sobą wiedzą o każdym z naszych dzieci. Przedwczoraj rozmawialiśmy o indywidualnym planie i zdecydowaliśmy, w jaki sposób będziemy inwestować nasz czas, gdzie ja jako tato jestem najbardziej potrzebny dla danego dziecka. Oczywiście, czas jeden na jeden nie oznacza, że wszystko mam zaplanować w detalach. Chodzi bardziej o pozostawienie przestrzeni dla inwencji dzieci, by spędzać te chwile w taki sposób, jaki one odnajdują jako przyjemny. Ich radość jest tu niezwykle istotna.

Czymś fantastycznym jest możliwość odkrywania talentów swoich dzieci oraz pomaganie im w odkrywaniu pasji i zainteresowań. Wymaga to systematyczności, konsekwencji, niekiedy bywa trudne, ale kiedy już dojdzie do skutku, daje wielką satysfakcję. Jako przykład niech znów posłużą sytuacje z mego domu. Mój Janek bez entuzjazmu odniósł się do pomysłu nauki gry na gitarze. Przez pewien czas potrzebował zachęty, dopingu do gry. W końcu się rozpalił. Teraz z zapałem gra na gitarze i daje mu to wielką radość. Z kolei nasza córka po prostu pokochała konie i spędza z nimi mnóstwo czasu. Mało jest rzeczy, które dostarczają mi równie dużo satysfakcji jak unikalna możliwość bycia świadkiem odkrywania przez moje dzieci samych siebie i obserwowanie ich rozwoju. Nawet nie aspiruję do tego, żeby odgrywać rolę przewodnika czy trenera, który za każdym razem będzie im wskazywał drogę: zajmij się tym, spróbuj tego. Już oni sami to odkrywają. Ojcostwo to świetna sprawa. Wielka frajda.

Co jeszcze jest szczególnie ważne dla mnie w pełnieniu roli ojca? Uważam, że jako ojciec jestem powołany do bycia strażnikiem radości w domu. Tak sformułowałem moją ojcowską dewizę: „być odpowiedzialnym za radość w domu". W tematacie dbania o atmosferę radości zachodzi pewna komplementarność między mężczyzną a kobietą. W dużej rodzinie, gdzie spraw, którymi trzeba się zająć, jest bardzo dużo, kobieta w naturalny sposób pełni rolę kogoś dbającego o wszystkie szczegóły. Szczegółów jest bardzo, bardzo dużo. Niekiedy w tych szczegółach można się po prostu pogubić. Czasami można nawet stracić radość, gdyż kierowanie życiem rodziny staje się jak zarządzanie olbrzymim projektem w firmie, w której się bardzo dużo dzieje. Logistyka, organizacja tego wszystkiego jest bardzo wyczerpująca i trudna, ale kobiety sobie świetnie z tym radzą.

Moja żona wspaniale umie podołać swoim zadaniom. Łatwo jednak zgubić przy tylu obowiązkach ducha radości. I tu moja rola zadbania o dobrą atmosferę. Dzieci są mi wdzięczne za tę dbałość o klimat radości, że potrafię rozładować różne, czasem trudne sytuacje. W ten sposób się z żoną uzupełniamy. Praktyczny przykład? Otóż w naszej dużej rodzinie, na świętach oraz przyjęciach z innych okazji, bywa nieraz ponad dwadzieścia osób przy stole. Chyba łatwo sobie wyobrazić, co się dzieje w domu przed tymi świętami. Praca, napięcie, stres, wir przygotowań. Wszyscy, oczywiście, się krzątają, moja żona jest koordynatorem prac, a my staramy się posłusznie wykonywać jej polecenia. Wszystko jest odpowiednio przygotowane na czas. Niech tylko podczas posiłku któreś z dzieci próbuje coś przestawić na stole, od razu napotka piorunujący wzrok mamy: nie ruszaj tej serwetki, wszystko jest na swoim miejscu! W takich sytuacjach czasami dochodzą do głosu negatywne emocje. Aby temu zapobiec, muszę działać. Ważne, że teraz już wiem, jak zareagować.

Myślę, że rolą taty jest właśnie uzupełnianie i wspieranie mamy w takiej sytuacji. Mam na myśli nie tylko przyjęcia, ale też codzienne posiłki rodzinne. Staram się, żeby ten czas był spędzany w miłej atmosferze, aby nasz dom promieniał radością, był miejscem, do którego dzieci chętnie wracają. Ufam, że gdy za jakiś czas wyjdą z domu w świat, będą wspominać te chwile jako szczęśliwe. Uważam, że jest to moja liderska rola jako ojca. My, mężczyźni, często mamy mniej talentu do skupienia się na szczególe niż kobiety, ale potrafimy ogarnąć całość i pomyśleć o atmosferze.

Gdy w domu tej radości brakuje, to znaczy, że coś jest nie tak. Zaczynam sprawdzać, dlaczego tak się dzieje, przede wszystkim czy tej radości nie brakuje we mnie. Może przyczyną jest oddzielenie od Boga? To może być grzech lub jakiś niepokój, albo skupienie na sobie, na problemach w pracy, które tak naprawdę w tym momencie nie są przecież najważniejsze. Stąd dbam o swoją formę, o ducha radości, pilnuję się, by wracając do domu z pracy, okazać dzieciom oblicze uśmiechniętego ojca, a nie człowieka zaprzątniętego sprawami zawodowymi, który myślami jest już przy biurku w domu. Dobrze jest, gdy dzieci widzą moje szczęście ze spotkania z nimi.

Pielęgnacja radości to kwestia nawyku, który mogę w sobie ukształtować. Wykorzystuję wszystkie okazje do tego, żeby tę radość budować. Moje dzieci weszły w wiek nastoletni, najstarsza córka ma 16 lat. To okres, kiedy dzieci mocno przeżywają wszystko, co jest związane z ich wartością, szukają jej w sobie. Nieraz jej nie znajdują, zastanawiają się: czy ja jestem coś warty? Niejednokrotnie przytłaczają się swymi różnymi niedoskonałościami, które nagle odkrywają i nieraz wyolbrzymiają. Myślę, że tu zadaniem ojca jest nauczenie dzieci pewnego dystansu do samych siebie. Każdy z nas musi w końcu pogodzić się z tym, że jako ludzie jesteśmy niedoskonali, mamy swoje wady, nie zawsze dotrzymujemy powziętych postanowień, posiadamy nieładne cechy, których nie potrafimy się pozbyć. W tym kontekście najlepiej jest uczyć dzieci, pokazując własną postawę dystansu wobec siebie. Jednocześnie trzeba zaznaczyć, że nie chodzi bynajmniej o tumiwisizm. Przeciwnie, niezwykle istotna jest walka o lepszego mnie, ale czasem mimo włożonego wysiłku upadamy. A jednak nie popadamy w zwątpienie! To jest moje zadanie i misja, by być strażnikiem wiary w domu i odpowiadać za krzewienie radości.

Poznałeś historie Adama, Bertranda, Ireneusza oraz Pawła, którzy podobnie jak wielu innych uczestników warsztatów Tato.Net odkryli dar wolnej woli, aby suwerennie decydować o budowaniu swojej profesjonalnej kariery, jednak nie kosztem życia rodzinnego. Kolumbowie naszego pokolenia potrafią płynąć pod prąd, przeciwstawić się środowisku lub własnym nawykom, jeżeli nie służą one dobru ich rodzin. Kolumbowie w sensie przenośnym (Irek także w sensie dosłownym) opanowali sztukę szpagatu. Godzą obowiązki zawodowe z rodzinnymi. Równowaga, balans dwóch światów, czyli pracy i rodziny, jest możliwa. Wymaga jednak prowadzenia życia wewnętrznego. Życie wewnętrzne to sfera, w której nawiązujemy kontakt z naszymi wyjątkowymi zdolnościami, to jest samoświadomością, sumieniem, wolną wolą i twórczą wyobraźnią.

Posłowie

Dar dziedzictwa

Ken, syn Melvina

Ken Canfield. Ojciec pięciorga dorosłych dzieci. Autor bestselle-rowych książek na temat ojcostwa. Twórca Narodowego Centrum Ojcostwa (National Center for Fathering) w USA. Członek Rady Programowej Tato.Net. Wyróżniony przez Prezydenta RP Lecha Kaczyńskiego Złotym Krzyżem Zasługi.

Kiedy odejdziemy z tego świata, wszyscy pozostawimy po sobie jakieś dziedzictwo. Mogą to być cenne pamiątki, ziemia, nieruchomości, meble, akcje, obligacje. Ale to jedynie materialna część ojcowizny. Ważniejsze będą wspomnienia, umiejętność budowania relacji i wartości duchowe. Zbudowanie dziedzictwa, które będzie budziło szacunek, wymaga przemyślanego planu. Dzięki niemu zaangażowane ojcostwo będzie miało pozytywny wpływ na pokolenia, których możesz nigdy nie zobaczyć. Gdy poświęcasz czas na stworzenie i ukazanie tych planów twoim dzieciom i wnukom, zwiększasz prawdopodobieństwo przekazania w nich wartości, celów i pragnień głęboko zakorzenionych w twoim sercu. Pete Richardson przypomina: „Jeśli zaplanujesz dar (swoje dziedzictwo) i przekażesz go, twój plan się zrealizuje." Jeśli chodzi o planowanie dziedzictwa, trzeba wyznaczyć sobie prostą misję, która opisuje istotę twojego ojcostwa i zaangażowania w życie rodziny.

Myśląc o potrzebie planowania duchowego dziedzictwa oraz konieczności ujęcia i spisania swojego życiowego posłannictwa, które streszcza istotę ojcostwa jako pewnego zbioru powinności mężczyzny wobec rodziny, możemy oprzeć się na wizji i wzorcach, jakie na polskim gruncie wypracowało Tato.Net a na gruncie amerykańskim National Center for Fathering (NCF). Pomagając ojcom przekazywać dziedzictwo, obie organizacje angażują się w promowanie zdrowego i proaktywnego ojcostwa jako normy w kulturze.

Organizacje na rzecz dziedzictwa ojcowskiego

Na całym świecie jest prawie 1,6 miliarda ojców. Sformułowanie misji, która będzie wystarczająco ambitna i otwarta, by stanowiła dla nich wszystkich wyzwanie, wymaga wielkiego nakładu czasu. Oto nasze obserwacje po dłuższej refleksji i z pomocą grupy ojców.

NCF chce być inspiracją dla mężczyzn i pomagać im w byciu zaangażowanymi ojcami, dziadkami lub osobami pełniącymi rolę ojca. Wierzymy, że każde dziecko potrzebuje ojca, na którego może liczyć, który je kocha, zna, prowadzi i pomaga zbudować dobrą przyszłość. Diagnoza jest jasna: dzieci rozwijają się, gdy mają zaangażowanych ojców.

National Center for Fathering jest amerykańską organizacją społeczną o charakterze edukacyjnym, która zapewnia szkolenia oparte na wcześniejszych badaniach i niezbędne środki do tego, by mężczyźni stali się świadomi potrzeb swoich dzieci. Dodatkowym celem było zahamowanie kulturowego trendu braku obecności ojców w rodzinach poprzez wspomaganie rozwoju każdego taty i zwiększenie dynamizmu jego ojcostwa. Mówiąc krótko: „Jesteśmy dla ojców!". Te słowa: „Jesteśmy tu i teraz dla ojców!", niosą w sobie misję i wizję NCF i są bliskie idei Tato.Net.

Formułowanie dziedzictwa ojcostwa a bycie dziadkiem

Planowanie dziedzictwa własnego ojcostwa jest, ogólnie rzecz biorąc, ograniczone do okresu, gdy twoje dzieci są już duże, a nawet założyły własne rodziny i mają dzieci. Gdy zostajesz dziadkiem, twoja chęć pozostawienia dziedzictwa może na nowo się obudzić. Być może nigdy wcześniej nie brałeś jej pod uwagę.

Podczas gdy inni mogą planować emeryturę, ty zastanawiasz się, czego ten etap ojcostwa od ciebie będzie wymagał. Co ja mam robić? Jakie są zasady? Nigdy nie zastanawiałeś się nad rolą dziadka i z pewnością nie czujesz się do niej gotowy. Nie jesteś nawet pewien, czy chcesz być nazywany „dziadkiem", nie wspominając już o zwykłych skojarzeniach z wiekiem, które ten tytuł przywodzi na myśl. Ale bez względu na twój wiek czy stopień naukowy, twoje wnuki są gotowe, by cię zatrudnić w ramach kolejnego zadania w jednej z najważniejszych ról na świecie: ojcostwa.

W „The Journal of Marriage and Family" Neugarten i Weinstein zidentyfikowali pięć sposobów rozumienia przez dziadków swojego dziedzictwa. Gdy dziadkowie są zaangażowani w swoją rolę, towarzyszy im następujących pięć doświadczeń:

1. **Odnowa biologiczna i poczucie ciągłości**: szansa na to, byś znowu poczuł się młody i poczucie, że twoje imię i charakter będą trwały dłużej niż ty sam.

2. **Emocjonalne samospełnienie**: czysta radość z bycia związanym z takimi uroczymi i utalentowanymi dziećmi. „Nikt nie miał wcześniej tak udanych wnuków!"

3. **Bycie źródłem wsparcia**: poczucie przydatności poprzez dawanie porad, przekazywanie historii rodziny oraz pewne wsparcie finansowe.

4. **Nowy rodzaj satysfakcji**: szczycenie się charakterem i działaniem wnuka/wnuczki.

5. **Wyrozumiałość**: „psucie" dzieci – przyjemność, której byłeś pozbawiony jako rodzic.

W swoich badaniach nad rolą dziadka Judd Swihart odkryła, że elementy osobiste, takie jak te wymienione powyżej, motywują dziadków do zaangażowania się w życie swoich wnuków. Niestety, bardzo niewielu z ankietowanych dziadków wyraziło wiarę w swoją możliwość przekazania daru (ang. *generativity*), czyli powielania swoich wartości w życiu wnuków, aby przekazywać im to, co uważają za ważne. A przecież wnuki będą z korzyścią czerpały z tego dziedzictwa, tak jak wcześniej dzieci korzystały z siły swego ojca.

Magiczna więź

Większość dziadków osiągnęło ten etap swojej historii, gdy dokonują przemyśleń nad życiem i nad tym, co jest najważniejsze. Mogą mieć żal do własnych dzieci, mogą wspominać niewykorzystane szanse, niewłaściwe priorytety i wybierać całkowite zaangażowanie się w życie swoich wnuków. W miarę zbliżania się do końca życia mogą mieć mocne pragnienie przekazania wartości i wspomnień, które czynią rodzinę taką, jaka jest. Prawdopodobnie najwięcej fascynacji i dumy przynosi widok swoich potomków z krwi i kości i możliwość wpływania na ich życie.

To poczucie bycia darem jest bardzo motywujące i daje mężczyznom siłę, a ujawnia się podczas współdziałania z wnukami. Byłem najstarszym wnukiem od strony ojca i zawsze miałem wewnętrzną świadomość, że przynosiłem wielkie poczucie dumy mojemu dziadkowi. Pewien dziadek opisywał wieczór ze swoją wnuczką: Wróciłem do domu po kolejnym długim dniu, oczekując na dobry posiłek, a potem kilka godzin odpoczynku przed telewizorem. Ale gdy otworzyłem drzwi, pojawił się dowód, że będzie inaczej: różowy płaszcz i małe lśniące pantofle, a następnie pisk radości, z jakim rzuciła się ku mnie wnuczka, aby mnie powitać. Nagle zostałem odmłodzony. Po szybko zjedzonym posiłku wyruszyliśmy na jedną z naszych podróży. Obserwowaliśmy mrówki, rozmawialiśmy z kotami, bawiliśmy się w parku i obserwowaliśmy zachód słońca. Gdy wracaliśmy do domu, wnuczka wyciszyła się i wpadła w filozoficzny nastrój. Pomyślałem sobie: „Jaki może być lepszy sposób na zakończenie tego dnia, czy jakiegokolwiek innego dnia?".

Dr Arthur Kornhaber, który przeprowadzał interesujące badania nad rolą dziadka, napisał, że dla dzieci fascynujący jest już sam wiek dziadka. Zmarszczki na jego twarzy są źródłem tajemnicy. Dla małych dzieci widok tego, jak dziadek wyjmuje wszystkie zęby, jest powodem zdumienia. Pieczenie chleba z mąki i wyciąganie ryby z nieruchomego stawu są źródłem zadziwienia, gdy odbywają się wspólnie z cierpliwym dziadkiem. Dziadkowie mogą być bohaterskimi postaciami w nudnym szkolnym życiu lub przed ekranem telewizora. Ta niezwykła moc dziadka rozciąga się poza jego własne życie.

Dar dziedzictwa, dziadkowie i przemiana

Trzy razy nasze życie jest całkowicie odmienione przez naturalne wydarzenia: gdy się rodzimy, gdy umieramy i gdy stajemy się dziadkami. Narodziny i śmierć są oczywistymi całkowitymi przemianami, ale co ze stawaniem się dziadkiem? Czy ta przemiana jest tak całkowita? Czy faktycznie stałeś się kimś dogłębnie innym jako ojciec? A jaka jest różnica pomiędzy dziadkami i babciami? Co w wyjątkowy sposób wnosisz do kolejnego pokolenia?

Nie posiłkując się nawet żadnymi wynikami badań, chciałbym zapewnić, że dziadkowie wnoszą coś żywego i wyjątkowego do życia swoich wnuków i wnuczek. Widziałem to w życiu ludzi, słyszałem też wiele świadectw i wiem to dzięki relacji z moim dziadkiem. Wiedziałem, że mogę liczyć na niego bez względu na wszystko i nie będzie mnie krytykował czy pouczał. Dziadkowie mogą wnieść poczucie bezpieczeństwa i stabilności w życie swoich wnuków zwłaszcza w czasie, gdy rodzice dzieci są zajęci dokonywaniem korekt, balansem priorytetów i poznawaniem swych nowych ról. Twoja żona może doświadczać chaosu z hormonami, co często ma miejsce w tym stadium życia. Może ona być zależną i kochającą babcią, ale prawdopodobnie nie może dorównać twojej sile, którą dajesz. Twoja stabilność i moc może być szczególnie cenna, jeśli twoje dziecko i jego współmałżonek mają problemy w małżeństwie, są w trakcie rozwodu, czy też doświadczają innych przeciwności losu odbierających czas i energię potrzebne dla ich dzieci.

Skorzystaj z własnej historii, żeby przygotować dar dziedzictwa dla Twoich bliskich

Spotkałem koreańskiego kleryka, który powiedział mi, że wiele rodzin w jego kraju wymaga od swoich dzieci zapamiętania 600-letniej historii rodziny! Z kolei dziadkowie z afrykańskiego plemienia Baganda mają dwie funkcje do spełnienia: zbieranie jedzenia i opowiadanie historii. W USA w badaniu Neugartena i Weinsteina dziadkowie opisali siebie jako „skarbnicę rodzinnej mądrości".

Twoi wnukowie i wnuczki potrzebują poczucia rodzinnej historii. Potrzebują słuchać twoich opowiadań o tym, w jakich czasach i warunkach dorastałeś, o twoich przodkach, o tym, jacy byli twoi synowie i córki, o tych „dawnych, dobrych czasach". J. Allan Petersen, autor nowych programów formacji rodzin, opisał to w wywiadzie dla magazynu „Today's Father": Pewnego dnia zapytałem mojego 14-letniego wnuka: „Co mają robić dziadkowie?". Odpowiedział szybko: „Opowiadać historie". Zapytałem: „Jakie historie?" „Stare" – i zaczął wymieniać kilka z tych, które mu opowiedziałem. Widział we mnie pomost do innych czasów, prostszego życia, sprzed ery telewizorów, komputerów i satelitów.

Dzieciaki mają potrzebę przynależności, powiązania. Gdy opowiadasz historie o ciotkach i wujkach, kuzynach i babciach, dajesz wnukom jasny przekaz: „Jesteś członkiem tej rodziny".

Pomóż im nauczyć się umiejętności, które są związane z tobą: struganie scyzorykiem, prowadzenie ciągnika czy łowienie ryb. Pokaż im muzykę klasyczną, różne sposoby zawiązywania butów, które wymyśliłeś. Naucz ich stepowania, jak zawiązać krawat, kilku słów z gwary, którą posługiwała się twoja rodzina. Te umiejętności i wspomnienia mogą pomóc ci w zbudowaniu twojego dziedzictwa rodzinnego i obdarować twoje wnuki i wnuczki poczuciem tożsamości. Gdy mówisz im o tych, którzy noszą to samo nazwisko – jak wyglądali i co robili – uczą się, jak unikać błędów i jak naśladować cnoty. Poznają swoje szczególne miejsce we wszechświecie i czują więź ze swoją historią.

Dzieci szukają własnej tożsamości niezależnie od swoich rodziców. Gdy opowiadasz im o tym, jak ich rodzice byli dziećmi (bez znieważania tychże rodziców), dajesz im coś, co mogą porównać i skontrastować z własnym doświadczeniem. Dzieciom trzeba przedstawiać świat. Ojcowie często rozszerzają dla nich trójwymiarowy fizyczny świat, ale dziadkowie mogą rozciągnąć przed nimi świat historii.

Możesz nie zdawać sobie sprawy z wartości tych wszystkich wspomnień w twojej głowie, wielu z nich częściowo zapomnianych. Możesz myśleć, że historia twojej rodziny raczej nie obfituje w wydarzenia, ale kiedy wyciągniesz stary album z fotografiami, medale i inne pamiątki, będziesz przypominał sobie coraz więcej, a te historie i wspomnienia będą skarbami dla twoich wnuków.

Stajesz się żywym symbolem dla rodziny. To jest w twojej huśtawce na ganku, starym stole kuchennym, skrzynce narzędziowej a nawet w twoich ubraniach.

Przekazywanie daru dziedzictwa poprzez wartości

Co cenisz w życiu? Jakie cnoty, twoim zdaniem, stoją ponad czasem i „postępem"? Jakie osobiste wartości chciałbyś, by przekazywały twoje dzieci i wnuki przyszłym pokoleniom?

Świat, w którym dorasta twój wnuk, ma prawdopodobnie inne, lub przynajmniej zmieniające się definicje dla takich pojęć, jak poświęcenie, ofiara, wierność, samodyscyplina, szacunek, szczerość, odpowiedzialność, praca, wiara, czy nawet miłość. Co masz „powiedzieć" poprzez słowa i czyny o tych ważnych wartościach?

To jest twoja szansa, aby dokonać zmiany w następnym pokoleniu, aby z trwałych wartości pozostawić coś po sobie dla tych, których kochasz. To może być jedna z twoich najwspanialszych ról życiowych jako dziadka.

Jeśli wierzysz w mocne poczucie więzi rodzinnych, pokaż to słowami lub czynami. Czy jest ważne, aby wnuk znał swoich krewnych, ciotki i wujków? Spotkania szerszej rodziny mogą być wspaniałą nauką i czasem poznania dla dziecka. Widzi i słyszy, jak różne pokolenia pozytywnie odnoszą się do siebie nawzajem.

Jakie inne wartości chcesz przekazać wnukom? Zamiłowanie do książek? Pozytywne nastawienie? Determinację, aby nigdy nie uciekać w obliczu przeciwności? Współczucie i służenie innym? Umiejętność troszczenia się o czyjąś własność? Możesz całkiem łatwo stworzyć taką listę ważnych rzeczy, ale czy ją realizujesz? Dzieci są z natury obserwatorami i mogą się dużo nauczyć z podpatrywania, jak dziadek przechodzi przez życie z godnością, bezinteresownością, ale też z dziecięcym poczuciem zachwytu.

Nauczanie wartości

Dziadkowie mają specjalne miejsce w sercu dziecka. W relacji ojca do dzieci często pojawia się ukryta walka o kontrolę. Ale w przypadku dziadka nie ma żadnego współzawodnictwa. Będzie ono słuchało lepiej i zadawało więcej mądrych pytań, typu: „Dziadku, a gdy tato miał siedem lat to był do mnie podobny?" lub „Czy on musiał zmywać po sobie naczynia?".

Nabyłeś mądrość oraz doświadczenie życiowe, z którego można korzystać. Widziałeś mnóstwo różnych rzeczy i zmian kulturowych. Nawet twoje błędy mają pozytywny skutek. Dzieci potrafią wyczuć, że wiesz dużo na wiele różnych tematów, od budowania i naprawiania rzeczy do radzenia sobie z innymi ludźmi.

Możesz mieć szczególną więź z własnymi wnukami, ale nie ignoruj istotnego aspektu relacji z nimi – wysłuchiwania ich.

Po pierwsze, jest to ważne, ponieważ możesz nigdy nie zrobić wystarczająco dużo, aby zasłużyć na ich zaufanie. Uważnie słuchając, pokazujesz, że jesteś zainteresowany i zainwestowałeś w każde ze swych wnucząt, że każde uważasz za interesującą osobę, której pomysły są warte twojego czasu i niepodzielnej uwagi.

Po drugie, właśnie słuchając, uczysz swe wnuki słuchania. Tym samym zwiększasz prawdopodobieństwo, że to, czego uczysz, będzie dla nich wyznaczonym celem. Często najlepsza nauka płynie z przekazywanych historii. A wiele z twoich historii zawiera w sobie cenne lekcje życia. Twoi wnukowie nauczą się o wytrwałości, lojalności, ciężkiej pracy, cierpliwości, poświęcenia itd.

Cnota wierności

Wierność jest zachodzącym słońcem ojcostwa. Oddanie się zadaniom ojcostwa rozpoczyna się wraz ze wschodzącym słońcem i kończy się w blasku zachodu. Jednak wierzę, że dochowanie wierności ojcowskiej misji w późniejszych latach przewyższa piękno zachodzącego słońca. Ci, którzy są w tym wieku, wiedzą, o czym mówię.

Przede wszystkim, wierność oznacza niezłomność, która trwa. „Uprawianie" wierności wymaga poświęcenia, lojalności, wiarygodności. Stanowi to wyjątkowe wyzwanie, ponieważ twoje potomstwo niewątpliwie będzie miało inne pomysły, aspiracje i cele niż te, które tobie przyświecały. Jednak bycie wiernym w relacji z nimi pomoże im osiągnąć te wzniosłe pomysły, nawet gdy ty nieszczególnie się z nimi zgadzasz.

Wierność się opłaca i w przyszłości również będzie przynosić owoce. Twoje dzieci i Twoje wnuki będą opowiadać o Twoim wkładzie w ich życie na tym świecie. Liczy się to, że wytrwałeś i trwasz. Twój przykład już przynosi poczucie nadziei twoim dzieciom i wnukom. Jeśli zatem naprawdę wierzysz, że masz wartościowy dar dla tych, którzy przyjdą po tobie, warto już teraz znaleźć sposób, by go przekazać.

7 SEKRETÓW EFEKTYWNEGO OJCOSTWA
tato.net
ODKRYWCA TALENTÓW
BLIŻEJ PEŁNA ŁĄCZNOŚĆ
TATO & CÓRKA
OJCIEC NIEZŁOMNY
akademia liderów tato.net
WIELKA PRZYGODA
MIĘDZY NARODOWE FORUM TATO.NET
SZKOŁA TRENERÓW
O.K. tato.net

KLUB TWÓRCÓW TATO.NET

— TO ROZWIJANA PRZEZ FUNDACJĘ CYRYLA I METODEGO SPOŁECZNOŚĆ OJCÓW. CELEM DZIAŁALNOŚCI TATO.NET JEST WZMACNIANIE RODZIN POPRZEZ WSPIERANIE OJCÓW. TATO.NET BYŁA W POLSCE PIERWSZĄ, A OBECNIE JEST NAJWIĘKSZĄ INICJATYWĄ, KTÓRA DOSTARCZA MĘŻCZYZNOM NARZĘDZI, BY MOGLI SIĘ NAWZAJEM WSPIERAĆ W BYCIU LEPSZYMI OJCAMI. PO 18 LATACH DZIAŁALNOŚCI TATO.NET TYSIĄCE MĘŻCZYZN POGŁĘBIŁO SWOJE KOMPETENCJE ODPOWIEDZIALNYCH I ZAANGAŻOWANYCH OJCÓW

**FUNDACJA CYRYLA I METODEGO
FUNDATOR I REALIZATOR
PROGRAMU
TATO.NET**

Wartości:
    Rodzina mocna obecnością ojca
    Kultura odpowiedzialnego ojcostwa

Wizja: Odkrywamy ojcostwo

Misja: Pomoc w kształtowaniu postaw odpowiedzialnego ojcostwa. Inspirowanie mężczyzn do tworzenia osobistych TatoPlanów, czyli indywidualnych pomysłów na realizowanie w praktyce swego ojcostwa. Współpraca z organizacjami wpływającymi na kształt współczesnego ojcostwa w wymiarze indywidualnym i społecznym.

Kierunki działania:

- Portal internetowy https://tato.net

- Forum Tato.Net, Ojcowskie Kluby (O.K. Tato.Net) i warsztaty dla ojców: 7 sekretów efektywnego ojcostwa; Bliżej – pełna łączność; Tato&Córka – nowe spojrzenie; Wielka Przygoda Taty&Dziecka; Ojciec NieZŁOMny; Tato – odkrywca talentów

- Kampanie społeczne, konferencje, seminaria i szkolenia adresowane do wychowawców, duszpasterzy, polityków, przedsiębiorców, sądownictwa oraz innych służb publicznych w celu budzenia świadomości i upowszechniania wiedzy związanej z rolą ojca w rodzinie i społeczeństwie

- Gromadzenie wiedzy i wydawanie publikacji dotyczących zagadnień ojcowskich

Cele strategiczne:

1. Rozbudowa sieci O.K. Tato.Net, czyli Ojcowskich Klubów. Docelowo ma ich być 300, czyli w każdym polskim powiecie co najmniej jeden. O.K. to działająca lokalnie grupa ojców, dla których warsztaty Tato.Net stanowią początek drogi ojcowskiej samoedukacji. Zadaniem O.K. jest budowanie środowiska wsparcia dla rozwoju ojców i ich rodzin. Chodzi o zdobywanie wiedzy, kształtowanie postaw i doskonalenie umiejętności. Każdy członek tworzy i realizuje indywidualny TatoPlan, aby być coraz lepszym i spełnionym tatą.

2. Tworzenie instytutu ojcostwa, czyli placówki typu think tank, rozumianej jako niezależny ośrodek, badający i analizujący sprawy publiczne. Cele szczegółowe:

☛ Gromadzenie wiedzy o stanie i samoświadomości współczesnych ojców oraz wpływie ojcostwa na życie społeczne.

☛ Przygotowanie i udostępnienie profesjonalnej oferty edukacyjnej dla ojców i instytucji z nimi pracujących.

☛ Wywieranie wpływu na świadomość społeczną, aby sprzyjała zaangażowanemu ojcostwu.

Pomysłodawca programu

Pomysłodawcą i koordynatorem Tato.Net jest dr Dariusz Cupiał, założyciel Fundacji im. św. Cyryla i Metodego, doktor teologii, ekumenista, absolwent KUL-u, stypendysta w Saint John's University w Minnesocie (USA). Autor książek *Na drodze ewangelizacji i ekumenii* oraz *Kolumbowie naszego pokolenia*. Należy do Stowarzyszenia Innowatorów Społecznych ASHOKA i Stowarzyszenia „Diakonia Ruchu Światło-Życie".

WARSZTATY DLA OJCÓW ORGANIZOWANE PRZEZ TATO.NET

„7 sekretów efektywnego ojcostwa"

Co wyróżnia ojców, którzy osiągnęli sukces w budowaniu relacji ze swoimi dziećmi? Wieloletnie badania wykazały, że jest 7 takich obszarów. Warsztat przedstawia te dobre praktyki.

„Bliżej – pełna łączność"

Ojcowie zajęci innymi aktywnościami mogą być oddaleni emocjonalnie od swoich dzieci. Warsztat ma na celu pokazanie metod pogłębienia relacji z dzieckiem.

„Odkrywca talentów"

Chciałbyś, aby Twoje dziecko było szczęśliwe, rozwijało się integralnie i osiągnęło sukces? Dowiedz się, jak możesz mu pomóc odkryć jego niepowtarzalny talent. Twoje zaangażowanie w rozwój dziecka może zmienić losy przyszłego pokolenia.

„Wielka Przygoda"

Jak efektywnie spędzić czas z synem lub córką? Warsztaty przygodowe to imprezy terenowe, podczas których ojcowie mogą wybrać się z dziećmi na prawdziwą wyprawę. To czas na poprawę relacji i budowanie więzi.

„Tato & Córka"

Relacja z ojcem ma na córkę ogromny wpływ. Przez pryzmat tej więzi postrzega ona siebie jako kobietę i zawiązuje późniejsze związki z mężczyznami. Warsztaty dla ojców i ich dorastających córek to idealna okazja, aby umocnić relację tato-córka.

„Ojciec nieZŁOMny"

Jak szukać wzoru ojca, gdy zabrakło go w dzieciństwie? Dla ojców po rozwodzie, separacji, odbywających karę pozbawienia wolności, niemieszkających ze swoimi dziećmi powstał program spotkań w małych grupach.

„Międzynarodowe Forum Tato.Net"
Społeczność Tato.Net co roku spotyka się na
Międzynarodowym Forum Tato.Net. Wydarzenie
gromadzi blisko tysiąc uczestników, którzy wymie-
niają się doświadczeniami, czerpią z tego spotkania
moc, wiedzę i inspiracje.

WYPOWIEDZI UCZESTNIKÓW WARSZTATÓW TATO.NET

Program „Wielka Przygoda"

*„Zmagaliśmy się na pontonie, spływając Dunajcem.
Na rowerach pokonaliśmy 12 km. Zdobywaliśmy
szczyt Trzech Koron podczas burzy i gradobicia,
walcząc ze zmęczeniem. Wieczorami mieliśmy czas
na wymianę doświadczeń między ojcami, rodziły się
inspiracje do nowych działań. Warsztaty Przygodowe
to bardzo dobry pomysł, jak być lepszym i twórczym
ojcem. Polecam wszystkim tatom!"*

Marcin

Program „7 sekretów efektywnego ojcostwa"

*„W swoim około 20-letnim życiu zawodowym
uczestniczyłem w takiej liczbie szkoleń, warsztatów
i kursów, że nie jestem w stanie precyzyjnie podać
tej liczby. Coś koło 150. Ale ile z nich naprawdę
pozostawiło trwały ślad w mojej pamięci? Zapewne
nie więcej niż kilka. Teraz do tej krótkiej listy mogę
dopisać kolejną pozycję –
«7 sekretów efektywnego ojcostwa»."*

Tomek

OJCOWSKIE KLUBY TATO.NET – COŚ DLA CIEBIE

O.K. Tato.Net, czyli Ojcowskie Kluby, to lokalne grupy wsparcia dla każdego taty. Chodzi o budowanie wspólnoty, zdobywanie wiedzy, kształtowanie postaw i doskonalenie umiejętności. Każdy członek tworzy i realizuje indywidualny TatoPlan, aby być coraz lepszym i spełnionym tatą. Udział w O.K. daje możliwość wymiany doświadczeń, dobrych praktyk oraz wzmocnienia świadomości swojej roli w rodzinie i społeczeństwie. Kluby organizują wydarzenia służące pogłębieniu relacji w swoich rodzinach oraz budujące lokalną społeczność (rajdy, pikniki, festyny, biegi, spotkania dyskusyjne, filmowe, bale itp.). Do O.K. Tato.Net mogą przyłączyć się ojcowie z różnym doświadczeniem ojcowskim i w różnej sytuacji życiowej.

Znajdź lub załóż O.K. w Twojej okolicy www.tato.net/ojcowskie-kluby

ZAANGAŻUJ SIĘ!

Jeśli uważasz, że Tato.Net jest ważnym i potrzebnym przedsięwzięciem, włącz się w rozwijanie jego misji, np. poprzez:

- Przyłączenie się do Klubu Twórców Tato.Net;

- Dołączenie do grona darczyńców, którzy wnoszą niezbędny wkład w zabezpieczenie finansowania projektów Tato.Net w zadeklarowanej regularnej lub jednorazowej kwocie;

- Odprowadzenie 1,5% podatku na rozwój Tato.Net;

- Popularyzację akcji „Ojcostwo Procentuje" –
1,5% podatku na rozwój Tato.Net (KRS: 0000208956);

- Promocję idei warsztatów i innych projektów Tato.
Net (np. przez reklamę na samochodzie, w lokalnej
gazecie, udostępnienia swojej strony internetowej
np. umieszczenie banera, linków itp.);

- Podjęcie e-wolontariatu pracowniczego poprzez
udostępnienie Fundacji swojej wiedzy i kompetencji;

- Inną aktywność (trener, organizator lokalny warsztatów dla ojców oraz Ojcowskiego Klubu lub praca
pro publico bono) dla Tato.Net.

▬▬ Firmy przyjazne ojcom tworzą kulturę organizacyjną wspierającą pracowników poprzez:

1. Firmowa polityka proojcowska – np. docenienie pracownika, który zostaje rodzicem;

2. Dostarczenie pracownikom motywacji i narzędzi samoedukacyjnych dotyczących życia rodzinnego, małżeństwa i rozwoju osobistego;

3. Zapewnienie dostępu do zasobów EAP, zwłaszcza w okresie traumy, stresu i przystosowania;

4. Modelowanie zachowań, które pokazują zaangażowanie, wierność i uczciwość kierownictwa i właścicieli.

BIZNES, KTÓRY WSPIERA OJCÓW – CZAS NA TATĘ, CZAS NA NOWE ROZWIĄZANIA CSR W FIRMIE

Budowanie kultury organizacyjnej, która jest przyjazna ojcom to stosunkowo nowa tendencja w biznesie. Katalizatorem zmian stały się badania nad ojcostwem, które potwierdzają wagę umiejętnego rozgraniczania aktywności zawodowej i życia rodzinnego. Szereg analiz i badań – tak krajowych, przeprowadzanych przez ekspertów Tato.Net, jak realizowanych na gruncie amerykańskim przez doktora Kena Canfielda – potwierdza, że zaangażowanie mężczyzn w ojcostwo przynosi wiele profitów dla kobiet, rodzin, środowiska lokalnego oraz wpływa na zwiększenie wydajności pracy i morale pracowników. Wdrożenie w firmie szkoleń i innych nowych instrumentów wzmacniających świadome ojcostwo jest z jednej strony kosztem dla pracodawców, ale z drugiej stanowi formę inwestycji oraz wsparcia dla zdrowia psychicznego i dobrostanu rodziców.

zmiany na rynku pracy – rynek z pracodawcy przeszedł na pracownika. Liczą się pozafinansowe potrzeby i kondycja ojca-pracownika

Wpływa to zasadniczo na ograniczenie absencji chorobowych w pracy, maksymalizację produktywności, wzrost lojalności wobec marki oraz zwiększenie zysków.

Podobnie ma się rzecz z zaangażowaniem polityki samorządów, państw i działań pracodawców w ułatwienie ojcom sprawowania ich niezastąpionej roli wobec dzieci. Ten model też ulega pozytywnym zmianom. Zarówno na poziomie programów polityki społecznej, jak i ze strony kultury organizacyjnej firm. Think Thank Tato.Net zauważa i wyróżnia firmy, które wdrażają taki komponent w modelu organizacyjnym.